OEZBEEKS

WOORDENSCHAT

THEMATISCHE WOORDENLIJST

NEDERLANDS
OEZBEEKS

De meest bruikbare woorden
Om uw woordenschat uit te breiden en
uw taalvaardigheid aan te scherpen

3000 woorden

Thematische woordenschat Nederlands-Oezbeeks - 3000 woorden

Door Andrey Taranov

Woordenlijsten van T&P Books zijn bedoeld om u woorden van een vreemde taal te helpen leren, onthouden, en bestudering. Dit woordenboek is ingedeeld in thema's en behandelt alle belangrijk terreinen van het dagelijkse leven, bedrijven, wetenschap, cultuur, etc.

Het proces van het leren van woorden met behulp van de op thema's gebaseerde aanpak van T&P Books biedt u de volgende voordelen:

* Correct gegroepeerde informatie is bepalend voor succes bij opeenvolgende stadia van het leren van woorden
* De beschikbaarheid van woorden die van dezelfde stam zijn maakt het mogelijk om woordgroepen te onthouden (in plaats van losse woorden)
* Kleine groepen van woorden faciliteren het proces van het aanmaken van associatieve verbindingen, die nodig zijn bij het consolideren van de woordenschat
* Het niveau van talenkennis kan worden ingeschat door het aantal geleerde woorden

T&P Books Publishing
www.tpbooks.com

ISBN: 978-1-78492-394-5

Dit boek is ook beschikbaar in e-boek formaat.
Gelieve www.tpbooks.com te bezoeken of de belangrijkste online boekwinkels.

OEZBEEKSE WOORDENSCHAT
nieuwe woorden leren

T&P Books woordenlijsten zijn bedoeld om u te helpen vreemde woorden te leren, te onthouden, en te bestuderen. De woordenschat bevat meer dan 3000 veel gebruikte woorden die thematisch geordend zijn.

- De woordenlijst bevat de meest gebruikte woorden
- Aanbevolen als aanvulling bij welke taalcursus dan ook
- Voldoet aan de behoeften van de beginnende en gevorderde student in vreemde talen
- Geschikt voor dagelijks gebruik, bestudering en zelftestactiviteiten
- Maakt het mogelijk om uw woordenschat te evalueren

Bijzondere kenmerken van de woordenschat

- De woorden zijn gerangschikt naar hun betekenis, niet volgens alfabet
- De woorden worden weergegeven in drie kolommen om bestudering en zelftesten te vergemakkelijken
- Woorden in groepen worden verdeeld in kleine blokken om het leerproces te vergemakkelijken
- De woordenschat biedt een handige en eenvoudige beschrijving van elk buitenlands woord

De woordenschat bevat 101 onderwerpen zoals:

Basisconcepten, getallen, kleuren, maanden, seizoenen, meeteenheden, kleding en accessoires, eten & voeding, restaurant, familieleden, verwanten, karakter, gevoelens, emoties, ziekten, stad, dorp, bezienswaardigheden, winkelen, geld, huis, thuis, kantoor, werken op kantoor, import & export, marketing, werk zoeken, sport, onderwijs, computer, internet, gereedschap, natuur, landen, nationaliteiten en meer ...

INHOUDSOPGAVE

UITSPRAAKGIDS

Letter	Oezbeeks voorbeeld	T&P fonetisch alfabet	Nederlands voorbeeld
A a	satr	[a]	acht
B b	kutubxona	[b]	hebben
D d	marvarid	[d]	Dank u, honderd
E e	erkin	[e]	delen, spreken
F f	mukofot	[f]	feestdag, informeren
G g	girdob	[g]	goal, tango
G' g'	g'ildirak	[ɣ]	liegen, gaan
H h	hasharot	[h]	het, herhalen
I i	kirish	[i], [i:]	bidden, lila
J j	natija	[dʒ]	jeans, jungle
K k	namlik	[k]	kennen, kleur
L l	talaffuz	[l]	delen, luchter
M m	tarjima	[m]	morgen, etmaal
N n	nusxa	[n]	nemen, zonder
O o	bosim	[ɒ], [o]	aankomst, rood
O' o'	o'simlik	[ø]	neus, beu
P p	polapon	[p]	parallel, koper
Q q	qor	[q]	kennen, kleur
R r	rozilik	[r]	roepen, breken
S s	siz	[s]	spreken, kosten
T t	tashkilot	[t]	tomaat, taart
U u	uchuvchi	[u]	hoed, doe
V v	vergul	[w]	twee, willen
X x	xonadon	[h]	hitte, hypnose
Y y	yigit	[j]	New York, januari
Z z	zirak	[z]	zeven, zesde
ch	chang	[tʃ]	Tsjechië, cello
sh	shikoyat	[ʃ]	shampoo, machine
' [1]	san'at	[:], [--]	zonder klank

Opmerkingen

[1] [:] - Verlengt de voorgaande klinker; na medeklinkers wordt gebruikt als een "harde teken"

AFKORTINGEN
gebruikt in de woordenschat

Nederlandse afkortingen

abn	-	als bijvoeglijk naamwoord
bijv.	-	bijvoorbeeld
bn	-	bijvoeglijk naamwoord
bw	-	bijwoord
enk.	-	enkelvoud
enz.	-	enzovoort
form.	-	formele taal
inform.	-	informele taal
mann.	-	mannelijk
mil.	-	militair
mv.	-	meervoud
on.ww.	-	onovergankelijk werkwoord
ontelb.	-	ontelbaar
ov.	-	over
ov.ww.	-	overgankelijk werkwoord
telb.	-	telbaar
vn	-	voornaamwoord
vrouw.	-	vrouwelijk
vw	-	voegwoord
vz	-	voorzetsel
wisk.	-	wiskunde
ww	-	werkwoord

Nederlandse artikelen

de	-	gemeenschappelijk geslacht
de/het	-	gemeenschappelijk geslacht, onzijdig
het	-	onzijdig

BASISBEGRIPPEN

1. Voornaamwoorden

ik	мен	men
jij, je	сен	sen
hij, zij, het	у	u
wij, we	биз	biz
jullie	сиз	siz
zij, ze	улар	ular

2. Begroetingen. Begroetingen

Hallo! Dag!	Салом!	Salom!
Hallo!	Ассалому алайкум!	Assalomu alaykum!
Goedemorgen!	Хайрли тонг!	Xayrli tong!
Goedemiddag!	Хайрли кун!	Xayrli kun!
Goedenavond!	Хайрли оқшом!	Xayrli oqshom!
gedag zeggen (groeten)	саломлашмоқ	salomlashmoq
Hoi!	Салом бердик!	Salom berdik!
groeten (het)	салом	salom
verwelkomen (ww)	салом бермоқ	salom bermoq
Is er nog nieuws?	Янгилик борми?	Yangilik bormi?
Dag! Tot ziens!	Хайр!	Xayr!
Tot snel! Tot ziens!	Кўришқунча хайр!	Ko'rishquncha xayr!
Vaarwel!	Соғ бўлинг!	Sog' bo'ling!
afscheid nemen (ww)	хайрлашмоқ	xayrlashmoq
Tot kijk!	Ҳозирча хайр!	Hozircha xayr!
Dank u!	Раҳмат!	Rahmat!
Dank u wel!	Катта раҳмат!	Katta rahmat!
Graag gedaan	Марҳамат	Marhamat
Geen dank!	Ташаккур билдиришга арзимайди.	Tashakkur bildirishga arzimaydi.
Geen moeite.	Арзимайди	Arzimaydi
Excuseer me, ... (inform.)	Кечир!	Kechir!
Excuseer me, ... (form.)	Кечиринг!	Kechiring!
excuseren (verontschuldigen)	кечирмоқ	kechirmoq
zich verontschuldigen	кечирим сўрамоқ	kechirim so'ramoq
Mijn excuses.	Мени кечиргайсиз.	Meni kechirgaysiz.
Het spijt me!	Афв етасиз!	Afv etasiz!
vergeven (ww)	афв етмоқ	afv etmoq

Maakt niet uit!	Ҳечқиси йўқ!	Hechqisi yo'q!
alsjeblieft	марҳамат қилиб	marhamat qilib
Vergeet het niet!	Унутманг!	Unutmang!
Natuurlijk!	Албатта!	Albatta!
Natuurlijk niet!	Албатта, йўқ!	Albatta, yo'q!
Akkoord!	Розиман!	Roziman!
Zo is het genoeg!	Бас!	Bas!

3. Vragen

Wie?	Ким?	Kim?
Wat?	Нима?	Nima?
Waar?	Қаерда?	Qaerda?
Waarheen?	Қаерга?	Qaerga?
Waar … vandaan?	Қаердан?	Qaerdan?

Wanneer?	Қачон?	Qachon?
Waarom?	Нега?	Nega?
Waarom?	Нима сабабдан?	Nima sababdan?

Waarvoor dan ook?	Нима учун?	Nima uchun?
Hoe?	Қандай?	Qanday?
Wat voor …?	Қанақа?	Qanaqa?
Welk?	Қайси?	Qaysi?

Aan wie?	Кимга?	Kimga?
Over wie?	Ким ҳақида?	Kim haqida?
Waarover?	Нима ҳақида?	Nima haqida?
Met wie?	Ким билан?	Kim bilan?

| Hoeveel? (ontelb.) | Қанча? | Qancha? |
| Van wie? (mann.) | Кимники? | Kimniki? |

4. Voorzetsels

met (bijv. ~ beleg)	… билан	… bilan
zonder (~ accent)	… сиз	… siz
naar (in de richting van)	… га	… ga
over (praten ~)	ҳақида	haqida

| voor (in tijd) | аввал | avval |
| voor (aan de voorkant) | олдин | oldin |

onder (lager dan)	тагида	tagida
boven (hoger dan)	устида	ustida
op (bovenop)	… да	… da

| van (uit, afkomstig van) | … дан | … dan |
| van (gemaakt van) | … дан | … dan |

| over (bijv. ~ een uur) | … дан кейин | … dan keyin |
| over (over de bovenkant) | устидан | ustidan |

5. Functiewoorden. Bijwoorden. Deel 1

Waar?	Қаерда?	Qaerda?
hier (bw)	шу ерда	shu erda
daar (bw)	у ерда	u erda
ergens (bw)	қаердадир	qaerdadir
nergens (bw)	ҳеч қаерда	hech qaerda
bij ... (in de buurt)	... ёнида	... yonida
bij het raam	дераза ёнида	deraza yonida
Waarheen?	Қаерга?	Qaerga?
hierheen (bw)	бу ерга	bu erga
daarheen (bw)	у ерга	u erga
hiervandaan (bw)	бу ердан	bu erdan
daarvandaan (bw)	у ердан	u erdan
dichtbij (bw)	яқин	yaqin
ver (bw)	узоқ	uzoq
in de buurt (van ...)	ёнида, яқинида	yonida, yaqinida
vlakbij (bw)	ёнма-ён	yonma-yon
niet ver (bw)	узоқ емас	uzoq emas
linker (bn)	чап	chap
links (bw)	чапдан	chapdan
linksaf, naar links (bw)	чапга	chapga
rechter (bn)	ўнг	o'ng
rechts (bw)	ўнгда	o'ngda
rechtsaf, naar rechts (bw)	ўнгга	o'ngga
vooraan (bw)	олдида	oldida
voorste (bn)	олдинги	oldingi
vooruit (bw)	олдинга	oldinga
achter (bw)	орқада	orqada
van achteren (bw)	орқадан	orqadan
achteruit (naar achteren)	орқага	orqaga
midden (het)	ўрта	o'rta
in het midden (bw)	ўртада	o'rtada
opzij (bw)	ёнида	yonida
overal (bw)	ҳар ерда	har erda
omheen (bw)	атрофда	atrofda
binnenuit (bw)	ичида	ichida
naar ergens (bw)	қаергадир	qaergadir
rechtdoor (bw)	тўғри йўлдан	to'g'ri yo'ldan
terug (bijv. ~ komen)	қарама-қарши томонга	qarama-qarshi tomonga
ergens vandaan (bw)	бирор жойдан	biror joydan
ergens vandaan (en dit geld moet ~ komen)	қаердандир	qaerdandir

ten eerste (bw)	биринчидан	birinchidan
ten tweede (bw)	иккинчидан	ikkinchidan
ten derde (bw)	учинчидан	uchinchidan

plotseling (bw)	тўсатдан	to'satdan
in het begin (bw)	дастлаб	dastlab
voor de eerste keer (bw)	илк бор	ilk bor
lang voor ... (bw)	анча олдин	ancha oldin
opnieuw (bw)	янгидан	yangidan
voor eeuwig (bw)	бутунлай	butunlay

nooit (bw)	ҳеч қачон	hech qachon
weer (bw)	яна	yana
nu (bw)	ҳозир	hozir
vaak (bw)	тез-тез	tez-tez
toen (bw)	ўшанда	o'shanda
urgent (bw)	тезда	tezda
meestal (bw)	одатда	odatda

trouwens, ... (tussen haakjes)	айтганча, ...	aytgancha, ...
mogelijk (bw)	бўлиши мумкин	bo'lishi mumkin
waarschijnlijk (bw)	еҳтимол	ehtimol
misschien (bw)	бўлиши мумкин	bo'lishi mumkin
trouwens (bw)	ундан ташқари, ...	undan tashqari, ...
daarom ...	шунинг учун	shuning uchun
in weerwil van ...	... га қарамай	... ga qaramay
dankzij ...	... туфайли	... tufayli

wat (vn)	нима	nima
dat (vw)	... ки	... ki
iets (vn)	қандайдир	qandaydir
iets	бирор нарса	biror narsa
niets (vn)	ҳеч нарса	hech narsa

wie (~ is daar?)	ким	kim
iemand (een onbekende)	кимдир	kimdir
iemand (een bepaald persoon)	бирортаси	birortasi

niemand (vn)	ҳеч ким	hech kim
nergens (bw)	ҳеч қаерга	hech qaerga
niemands (bn)	егасиз	egasiz
iemands (bn)	бирор кимсаники	biror kimsaniki

zo (Ik ben ~ blij)	шундай	shunday
ook (evenals)	ҳамда	hamda
alsook (eveneens)	ҳам	ham

6. Functiewoorden. Bijwoorden. Deel 2

Waarom?	Нимага?	Nimaga?
om een bepaalde reden	нимагадир	nimagadir
omdat ...	чунки ...	chunki ...

voor een bepaald doel	негадир	negadir
en (vw)	ва	va
of (vw)	ёки	yoki
maar (vw)	лекин	lekin
voor (vz)	учун	uchun
te (~ veel mensen)	жуда ҳам	juda ham
alleen (bw)	фақат	faqat
precies (bw)	аниқ	aniq
ongeveer (~ 10 kg)	тақрибан	taqriban
omstreeks (bw)	тахминан	taxminan
bij benadering (bn)	тахминий	taxminiy
bijna (bw)	деярли	deyarli
rest (de)	қолгани	qolgani
elk (bn)	ҳар бир	har bir
om het even welk	ҳар қандай	har qanday
veel (grote hoeveelheid)	кўп	ko'p
veel mensen	кўпчилик	ko'pchilik
iedereen (alle personen)	барча	barcha
in ruil voor ...	... ўрнига	... o'rniga
in ruil (bw)	евазига	evaziga
met de hand (bw)	қўл билан	qo'l bilan
onwaarschijnlijk (bw)	эҳтимолдан узоқ	ehtimoldan uzoq
waarschijnlijk (bw)	эҳтимол	ehtimol
met opzet (bw)	атайин	atayin
toevallig (bw)	тасодифан	tasodifan
zeer (bw)	жуда	juda
bijvoorbeeld (bw)	масалан	masalan
tussen (~ twee steden)	ўртасида	o'rtasida
tussen (te midden van)	ичида	ichida
zoveel (bw)	шунча	shuncha
vooral (bw)	айниқса	ayniqsa

GETALLEN. DIVERSEN

7. Kardinale getallen. Deel 1

nul	нол	nol
een	бир	bir
twee	икки	ikki
drie	уч	uch
vier	тўрт	to'rt
vijf	беш	besh
zes	олти	olti
zeven	етти	etti
acht	саккиз	sakkiz
negen	тўққиз	to'qqiz
tien	ўн	o'n
elf	ўн бир	o'n bir
twaalf	ўн икки	o'n ikki
dertien	ўн уч	o'n uch
veertien	ўн тўрт	o'n to'rt
vijftien	ўн беш	o'n besh
zestien	ўн олти	o'n olti
zeventien	ўн етти	o'n etti
achttien	ўн саккиз	o'n sakkiz
negentien	ўн тўққиз	o'n to'qqiz
twintig	йигирма	yigirma
eenentwintig	йигирма бир	yigirma bir
tweeëntwintig	йигирма икки	yigirma ikki
drieëntwintig	йигирма уч	yigirma uch
dertig	ўттиз	o'ttiz
eenendertig	ўттиз бир	o'ttiz bir
tweeëndertig	ўттиз икки	o'ttiz ikki
drieëndertig	ўттиз уч	o'ttiz uch
veertig	қирқ	qirq
eenenveertig	қирқ бир	qirq bir
tweeënveertig	қирқ икки	qirq ikki
drieënveertig	қирқ уч	qirq uch
vijftig	еллик	ellik
eenenvijftig	еллик бир	ellik bir
tweeënvijftig	еллик икки	ellik ikki
drieënvijftig	еллик уч	ellik uch
zestig	олтмиш	oltmish
eenenzestig	олтмиш бир	oltmish bir

| tweeënzestig | олтмиш икки | oltmish ikki |
| drieënzestig | олтмиш уч | oltmish uch |

zeventig	етмиш	etmish
eenenzeventig	етмиш бир	etmish bir
tweeënzeventig	етмиш икки	etmish ikki
drieënzeventig	етмиш уч	etmish uch

tachtig	саксон	sakson
eenentachtig	саксон бир	sakson bir
tweeëntachtig	саксон икки	sakson ikki
drieëntachtig	саксон уч	sakson uch

negentig	тўқсон	to'qson
eenennegentig	тўқсон бир	to'qson bir
tweeënnegentig	тўқсон икки	to'qson ikki
drieënnegentig	тўқсон уч	to'qson uch

8. Kardinale getallen. Deel 2

honderd	юз	yuz
tweehonderd	икки юз	ikki yuz
driehonderd	уч юз	uch yuz
vierhonderd	тўрт юз	to'rt yuz
vijfhonderd	беш юз	besh yuz

zeshonderd	олти юз	olti yuz
zevenhonderd	етти юз	etti yuz
achthonderd	саккиз юз	sakkiz yuz
negenhonderd	тўққиз юз	to'qqiz yuz

duizend	минг	ming
tweeduizend	икки минг	ikki ming
drieduizend	уч минг	uch ming
tienduizend	ўн минг	o'n ming
honderdduizend	юз минг	yuz ming
miljoen (het)	миллион	million
miljard (het)	миллиард	milliard

9. Ordinale getallen

eerste (bn)	биринчи	birinchi
tweede (bn)	иккинчи	ikkinchi
derde (bn)	учинчи	uchinchi
vierde (bn)	тўртинчи	to'rtinchi
vijfde (bn)	бешинчи	beshinchi

zesde (bn)	олтинчи	oltinchi
zevende (bn)	еттинчи	ettinchi
achtste (bn)	саккизинчи	sakkizinchi
negende (bn)	тўққизинчи	to'qqizinchi
tiende (bn)	ўнинчи	o'ninchi

KLEUREN. MEETEENHEDEN

10. Kleuren

kleur (de)	ранг	rang
tint (de)	рангдаги нозик фарқ	rangdagi nozik farq
kleurnuance (de)	тус	tus
regenboog (de)	камалак	kamalak
wit (bn)	оқ	oq
zwart (bn)	қора	qora
grijs (bn)	кул ранг	kul rang
groen (bn)	яшил	yashil
geel (bn)	сариқ	sariq
rood (bn)	қизил	qizil
blauw (bn)	кўк	ko'k
lichtblauw (bn)	ҳаво ранг	havo rang
roze (bn)	пушти	pushti
oranje (bn)	тўқ сариқ	to'q sariq
violet (bn)	бинафша ранг	binafsha rang
bruin (bn)	жигар ранг	jigar rang
goud (bn)	олтин ранг	oltin rang
zilverkleurig (bn)	кумуш ранг	kumush rang
beige (bn)	оч жигар ранг	och jigar rang
roomkleurig (bn)	оч сариқ ранг	och sariq rang
turkoois (bn)	феруза ранг	feruza rang
kersrood (bn)	олча ранг	olcha rang
lila (bn)	нафармон	nafarmon
karmijnrood (bn)	тўқ қизил ранг	to'q qizil rang
licht (bn)	оч	och
donker (bn)	тўқ	to'q
fel (bn)	ёрқин	yorqin
kleur-, kleurig (bn)	рангли	rangli
kleuren- (abn)	рангли	rangli
zwart-wit (bn)	оқ-қора	oq-qora
eenkleurig (bn)	бир рангдаги	bir rangdagi
veelkleurig (bn)	ранг-баранг	rang-barang

11. Meeteenheden

gewicht (het)	вазн	vazn
lengte (de)	узунлик	uzunlik

breedte (de)	кенглик	kenglik
hoogte (de)	баландлик	balandlik
diepte (de)	чуқурлик	chuqurlik
volume (het)	ҳажм	hajm
oppervlakte (de)	майдон	maydon

gram (het)	грамм	gramm
milligram (het)	миллиграмм	milligramm
kilogram (het)	килограмм	kilogramm
ton (duizend kilo)	тонна	tonna
pond (het)	фунт	funt
ons (het)	унция	untsiya

meter (de)	метр	metr
millimeter (de)	миллиметр	millimetr
centimeter (de)	сантиметр	santimetr
kilometer (de)	километр	kilometr
mijl (de)	миля	milya

duim (de)	дюйм	dyuym
voet (de)	фут	fut
yard (de)	ярд	yard

| vierkante meter (de) | квадрат метр | kvadrat metr |
| hectare (de) | гектар | gektar |

liter (de)	литр	litr
graad (de)	градус	gradus
volt (de)	волт	volt
ampère (de)	ампер	amper
paardenkracht (de)	от кучи	ot kuchi

hoeveelheid (de)	миқдор	miqdor
een beetje ...	бироз ...	biroz ...
helft (de)	ярим	yarim
dozijn (het)	ўн иккита	o'n ikkita
stuk (het)	дона	dona

| afmeting (de) | ўлчам | o'lcham |
| schaal (bijv. ~ van 1 op 50) | масштаб | masshtab |

minimaal (bn)	минимал	minimal
minste (bn)	енг кичик	eng kichik
medium (bn)	ўрта	o'rta
maximaal (bn)	максимал	maksimal
grootste (bn)	енг катта	eng katta

12. Containers

glazen pot (de)	банка	banka
blik (conserven~)	банка	banka
emmer (de)	челак	chelak
ton (bijv. regenton)	бочка	bochka
ronde waterbak (de)	жом	jom

tank (bijv. watertank-70-ltr)	бак	bak
heupfles (de)	фляжка	flyajka
jerrycan (de)	канистра	kanistra
tank (bijv. ketelwagen)	систерна	sisterna
beker (de)	кружка	krujka
kopje (het)	косача	kosacha
schoteltje (het)	ликопча	likopcha
glas (het)	стакан	stakan
wijnglas (het)	қадаҳ	qadah
steelpan (de)	кастрюл	kastryul
fles (de)	бутилка	butilka
flessenhals (de)	бўғзи	bo'g'zi
karaf (de)	графин	grafin
kruik (de)	кўза	ko'za
vat (het)	идиш	idish
pot (de)	хумча	xumcha
vaas (de)	ваза	vaza
flacon (de)	флакон	flakon
flesje (het)	шишача	shishacha
tube (bijv. ~ tandpasta)	тюбик	tyubik
zak (bijv. ~ aardappelen)	қоп	qop
tasje (het)	қоғоз халта	qog'oz xalta
pakje (~ sigaretten, enz.)	қути	quti
doos (de)	қути	quti
kist (de)	яшик	yashik
mand (de)	сават	savat

BELANGRIJKSTE WERKWOORDEN

13. De belangrijkste werkwoorden. Deel 1

aanbevelen (ww)	тавсия қилмоқ	tavsiya qilmoq
aandringen (ww)	талаб қилмоқ	talab qilmoq
aankomen (per auto, enz.)	етиб келмоқ	etib kelmoq
aanraken (ww)	тегмоқ	tegmoq
adviseren (ww)	маслаҳат бермоқ	maslahat bermoq

afdalen (on.ww.)	тушмоқ	tushmoq
afslaan (naar rechts ~)	бурмоқ	burmoq
antwoorden (ww)	жавоб бермоқ	javob bermoq
bang zijn (ww)	қўрқмоқ	qo'rqmoq
bedreigen	пўписа қилмоқ	po'pisa qilmoq
(bijv. met een pistool)		

bedriegen (ww)	алдамоқ	aldamoq
beëindigen (ww)	тугатмоқ	tugatmoq
beginnen (ww)	бошламоқ	boshlamoq
begrijpen (ww)	тушунмоқ	tushunmoq
beheren (managen)	бошқармоқ	boshqarmoq

beledigen	ҳақоратламоқ	haqoratlamoq
(met scheldwoorden)		
beloven (ww)	ваъда бермоқ	va'da bermoq
bereiden (koken)	тайёрламоқ	tayyorlamoq
bespreken (spreken over)	муҳокама қилмоқ	muhokama qilmoq

bestellen (eten ~)	буюртма бермоқ	buyurtma bermoq
bestraffen (een stout kind ~)	жазоламоқ	jazolamoq
betalen (ww)	тўламоқ	to'lamoq
betekenen (beduiden)	билдирмоқ	bildirmoq
betreuren (ww)	афсусланмоқ	afsuslanmoq

bevallen (prettig vinden)	ёқмоқ	yoqmoq
bevelen (mil.)	буюрмоқ	buyurmoq
bevrijden (stad, enz.)	халос қилмоқ	xalos qilmoq
bewaren (ww)	сақламоқ	saqlamoq
bezitten (ww)	эга бўлмоқ	ega bo'lmoq

bidden (praten met God)	ибодат қилмоқ	ibodat qilmoq
binnengaan (een kamer ~)	кирмоқ	kirmoq
breken (ww)	синдирмоқ	sindirmoq
controleren (ww)	назорат қилмоқ	nazorat qilmoq
creëren (ww)	яратмоқ	yaratmoq

deelnemen (ww)	иштирок этмоқ	ishtirok etmoq
denken (ww)	ўйламоқ	o'ylamoq
doden (ww)	ўлдирмоқ	o'ldirmoq

doen (ww)	қилмоқ	qilmoq
dorst hebben (ww)	чанқамоқ	chanqamoq

14. De belangrijkste werkwoorden. Deel 2

een hint geven	ишора қилмоқ	ishora qilmoq
eisen (met klem vragen)	талаб қилмоқ	talab qilmoq
existeren (bestaan)	мавжуд бўлмоқ	mavjud bo'lmoq
gaan (te voet)	юрмоқ	yurmoq

gaan zitten (ww)	ўтирмоқ	o'tirmoq
gaan zwemmen	чўмилмоқ	cho'milmoq
geven (ww)	бермоқ	bermoq
glimlachen (ww)	жилмаймоқ	jilmaymoq
goed raden (ww)	топмоқ	topmoq

grappen maken (ww)	ҳазиллашмоқ	hazillashmoq
graven (ww)	қазимоқ	qazimoq

hebben (ww)	эга бўлмоқ	ega bo'lmoq
helpen (ww)	ёрдамлашмоқ	yordamlashmoq
herhalen (opnieuw zeggen)	қайтармоқ	qaytarmoq
honger hebben (ww)	ейишни истамоқ	eyishni istamoq
hopen (ww)	умид қилмоқ	umid qilmoq
horen (waarnemen met het oor)	ешитмоқ	eshitmoq
huilen (wenen)	йиғламоқ	yig'lamoq
huren (huis, kamer)	ижарага олмоқ	ijaraga olmoq
informeren (informatie geven)	хабардор қилмоқ	xabardor qilmoq

instemmen (akkoord gaan)	рози бўлмоқ	rozi bo'lmoq
jagen (ww)	ов қилмоқ	ov qilmoq
kennen (kennis hebben van iemand)	танимоқ	tanimoq
kiezen (ww)	танламоқ	tanlamoq
klagen (ww)	шикоят қилмоқ	shikoyat qilmoq

kosten (ww)	арзимоқ	arzimoq
kunnen (ww)	уддаламоқ	uddalamoq
lachen (ww)	кулмоқ	kulmoq
laten vallen (ww)	туширмоқ	tushirmoq
lezen (ww)	ўқимоқ	o'qimoq

liefhebben (ww)	севмоқ	sevmoq
lunchen (ww)	тушлик қилмоқ	tushlik qilmoq
nemen (ww)	олмоқ	olmoq
nodig zijn (ww)	керак бўлмоқ	kerak bo'lmoq

15. De belangrijkste werkwoorden. Deel 3

onderschatten (ww)	кам баҳо бермоқ	kam baho bermoq
ondertekenen (ww)	имзоламоқ	imzolamoq

ontbijten (ww)	нонушта қилмоқ	nonushta qilmoq
openen (ww)	очмоқ	ochmoq
ophouden (ww)	тўхтатмоқ	to'xtatmoq
opmerken (zien)	кўриб қолмоқ	ko'rib qolmoq
opscheppen (ww)	мақтанмоқ	maqtanmoq
opschrijven (ww)	ёзиб олмоқ	yozib olmoq
plannen (ww)	режаламоқ	rejalamoq
prefereren (verkiezen)	афзал кўрмоқ	afzal ko'rmoq
proberen (trachten)	уриниб кўрмоқ	urinib ko'rmoq
redden (ww)	қутқармоқ	qutqarmoq
rekenen op ...	... га умид қилмоқ	... ga umid qilmoq
rennen (ww)	югурмоқ	yugurmoq
reserveren (een hotelkamer ~)	захира қилиб қўймоқ	zaxira qilib qo'ymoq
roepen (om hulp)	чақирмоқ	chaqirmoq
schieten (ww)	отмоқ	otmoq
schreeuwen (ww)	бақирмоқ	baqirmoq
schrijven (ww)	ёзмоқ	yozmoq
souperen (ww)	кечки овқатни емоқ	kechki ovqatni emoq
spelen (kinderen)	ўйнамоқ	o'ynamoq
spreken (ww)	гапирмоқ	gapirmoq
stelen (ww)	ўғирламоқ	o'g'irlamoq
stoppen (pauzeren)	тўхтамоқ	to'xtamoq
studeren (Nederlands ~)	ўрганмоқ	o'rganmoq
sturen (zenden)	жўнатмоқ	jo'natmoq
tellen (optellen)	ҳисобламоқ	hisoblamoq
toebehoren ...	тегишли бўлмоқ	tegishli bo'lmoq
toestaan (ww)	рухсат бермоқ	ruxsat bermoq
tonen (ww)	кўрсатмоқ	ko'rsatmoq
twijfelen (onzeker zijn)	иккиланмоқ	ikkilanmoq
uitgaan (ww)	чиқмоқ	chiqmoq
uitnodigen (ww)	таклиф қилмоқ	taklif qilmoq
uitspreken (ww)	айтмоқ	aytmoq
uitvaren tegen (ww)	койимоқ	koyimoq

16. De belangrijkste werkwoorden. Deel 4

vallen (ww)	йиқилмоқ	yiqilmoq
vangen (ww)	тутмоқ	tutmoq
veranderen (anders maken)	ўзгартирмоқ	o'zgartirmoq
verbaasd zijn (ww)	ҳайрон қолмоқ	hayron qolmoq
verbergen (ww)	беркитмоқ	berkitmoq
verdedigen (je land ~)	ҳимоя қилмоқ	himoya qilmoq
verenigen (ww)	бирлаштирмоқ	birlashtirmoq
vergelijken (ww)	солиштирмоқ	solishtirmoq
vergeten (ww)	унутмоқ	unutmoq
vergeven (ww)	кечирмоқ	kechirmoq
verklaren (uitleggen)	тушунтирмоқ	tushuntirmoq

verkopen (per stuk ~)	сотмоқ	sotmoq
vermelden (praten over)	еслатиб ўтмоқ	eslatib o'tmoq
versieren (decoreren)	безамоқ	bezamoq
vertalen (ww)	таржима қилмоқ	tarjima qilmoq
vertrouwen (ww)	ишонмоқ	ishonmoq
vervolgen (ww)	давом еттирмоқ	davom ettirmoq
verwarren (met elkaar ~)	адаштирмоқ	adashtirmoq
verzoeken (ww)	сўрамоқ	so'ramoq
verzuimen (school, enz.)	қолдирмоқ	qoldirmoq
vinden (ww)	топмоқ	topmoq
vliegen (ww)	учмоқ	uchmoq
volgen (ww)	... орқасидан бормоқ	... orqasidan bormoq
voorstellen (ww)	таклиф қилмоқ	taklif qilmoq
voorzien (verwachten)	олдиндан кўрмоқ	oldindan ko'rmoq
vragen (ww)	сўрамоқ	so'ramoq
waarnemen (ww)	кузатмоқ	kuzatmoq
waarschuwen (ww)	огоҳлантирмоқ	ogohlantirmoq
wachten (ww)	кутмоқ	kutmoq
weerspreken (ww)	еътироз билдирмоқ	e'tiroz bildirmoq
weigeren (ww)	рад қилмоқ	rad qilmoq
werken (ww)	ишламоқ	ishlamoq
weten (ww)	билмоқ	bilmoq
willen (verlangen)	истамоқ	istamoq
zeggen (ww)	айтмоқ	aytmoq
zich haasten (ww)	шошилмоқ	shoshilmoq
zich interesseren voor ...	қизиқмоқ	qiziqmoq
zich vergissen (ww)	адашмоқ	adashmoq
zich verontschuldigen	кечирим сўрамоқ	kechirim so'ramoq
zien (ww)	кўрмоқ	ko'rmoq
zoeken (ww)	... изламоқ	... izlamoq
zwemmen (ww)	сузмоқ	suzmoq
zwijgen (ww)	индамай турмоқ	indamay turmoq

TIJD. KALENDER

17. Dagen van de week

maandag (de)	душанба	dushanba
dinsdag (de)	сешанба	seshanba
woensdag (de)	чоршанба	chorshanba
donderdag (de)	пайшанба	payshanba
vrijdag (de)	жума	juma
zaterdag (de)	шанба	shanba
zondag (de)	якшанба	yakshanba
vandaag (bw)	бугун	bugun
morgen (bw)	ертага	ertaga
overmorgen (bw)	индинга	indinga
gisteren (bw)	кеча	kecha
eergisteren (bw)	ўтган куни	o'tgan kuni
dag (de)	кун	kun
werkdag (de)	иш куни	ish kuni
feestdag (de)	байрам куни	bayram kuni
verlofdag (de)	дам олиш куни	dam olish kuni
weekend (het)	дам олиш кунлари	dam olish kunlari
de hele dag (bw)	кун бўйи	kun bo'yi
de volgende dag (bw)	ертаси куни	ertasi kuni
twee dagen geleden	икки кун аввал	ikki kun avval
aan de vooravond (bw)	арафасида	arafasida
dag-, dagelijks (bn)	ҳар кунги	har kungi
elke dag (bw)	ҳар куни	har kuni
week (de)	ҳафта	hafta
vorige week (bw)	ўтган ҳафта	o'tgan hafta
volgende week (bw)	келгуси ҳафтада	kelgusi haftada
wekelijks (bn)	ҳафталик	haftalik
elke week (bw)	ҳар ҳафта	har hafta
twee keer per week	ҳафтасига икки марта	haftasiga ikki marta
elke dinsdag	ҳар сешанба	har seshanba

18. Uren. Dag en nacht

morgen (de)	тонг	tong
's morgens (bw)	ерталаб	ertalab
middag (de)	чошгоҳ	choshgoh
's middags (bw)	тушликдан сўнг	tushlikdan so'ng
avond (de)	оқшом	oqshom
's avonds (bw)	кечқурун	kechqurun

nacht (de)	тун	tun
's nachts (bw)	тунда	tunda
middernacht (de)	ярим тун	yarim tun

seconde (de)	сония	soniya
minuut (de)	дақиқа	daqiqa
uur (het)	соат	soat
halfuur (het)	ярим соат	yarim soat
kwartier (het)	чорак соат	chorak soat
vijftien minuten	ўн беш дақиқа	o'n besh daqiqa
etmaal (het)	сутка	sutka

zonsopgang (de)	қуёш чиқиши	quyosh chiqishi
dageraad (de)	тонг отиши	tong otishi
vroege morgen (de)	ерта тонг	erta tong
zonsondergang (de)	кун ботиши	kun botishi

's morgens vroeg (bw)	ерталаб	ertalab
vanmorgen (bw)	бугун ерталаб	bugun ertalab
morgenochtend (bw)	ертага тонгда	ertaga tongda

vanmiddag (bw)	бугун кундузи	bugun kunduzi
's middags (bw)	тушликдан сўнг	tushlikdan so'ng
morgenmiddag (bw)	ертага тушликдан сўнг	ertaga tushlikdan so'ng

| vanavond (bw) | бугун кечқурун | bugun kechqurun |
| morgenavond (bw) | ертага кечқурун | ertaga kechqurun |

klokslag drie uur	роппа-роса соат учда	roppa-rosa soat uchda
ongeveer vier uur	соат тўртлар атрофида	soat to'rtlar atrofida
tegen twaalf uur	соат ўн иккиларга	soat o'n ikkilarga

over twintig minuten	йигирма дақиқадан кейин	yigirma daqiqadan keyin
over een uur	бир соатдан кейин	bir soatdan keyin
op tijd (bw)	вақтида	vaqtida

kwart voor ...	чоракам	chorakam
binnen een uur	бир соат давомида	bir soat davomida
elk kwartier	ҳар ў беш дақиқада	har o' besh daqiqada
de klok rond	кечаю-кундуз	kechayu-kunduz

19. Maanden. Seizoenen

januari (de)	январ	yanvar
februari (de)	феврал	fevral
maart (de)	март	mart
april (de)	апрел	aprel
mei (de)	май	may
juni (de)	июн	iyun

juli (de)	июл	iyul
augustus (de)	август	avgust
september (de)	сентябр	sentyabr
oktober (de)	октябр	oktyabr

november (de)	ноябр	noyabr
december (de)	декабр	dekabr
lente (de)	баҳор	bahor
in de lente (bw)	баҳорда	bahorda
lente- (abn)	баҳорги	bahorgi
zomer (de)	ёз	yoz
in de zomer (bw)	ёзда	yozda
zomer-, zomers (bn)	ёзги	yozgi
herfst (de)	куз	kuz
in de herfst (bw)	кузгда	kuzgda
herfst- (abn)	кузги	kuzgi
winter (de)	қиш	qish
in de winter (bw)	қишда	qishda
winter- (abn)	қишки	qishki
maand (de)	ой	oy
deze maand (bw)	бу ой	bu oy
volgende maand (bw)	янаги ойда	yanagi oyda
vorige maand (bw)	ўтган ойда	o'tgan oyda
een maand geleden (bw)	бир ой аввал	bir oy avval
over een maand (bw)	бир ойдан кейин	bir oydan keyin
over twee maanden (bw)	икки ойдан кейин	ikki oydan keyin
de hele maand (bw)	ой бўйи	oy bo'yi
een volle maand (bw)	бутун ой давомида	butun oy davomida
maand-, maandelijks (bn)	ойлик	oylik
maandelijks (bw)	ҳар ойда	har oyda
elke maand (bw)	ҳар ойда	har oyda
twee keer per maand	ойига икки марта	oyiga ikki marta
jaar (het)	йил	yil
dit jaar (bw)	шу йили	shu yili
volgend jaar (bw)	кейинги йили	keyingi yili
vorig jaar (bw)	ўтган йили	o'tgan yili
een jaar geleden (bw)	бир йил аввал	bir yil avval
over een jaar	бир йилдан кейин	bir yildan keyin
over twee jaar	икки йилдан кейин	ikki yildan keyin
het hele jaar	йил бўйи	yil bo'yi
een vol jaar	бутун йил давомида	butun yil davomida
elk jaar	ҳар йили	har yili
jaar-, jaarlijks (bn)	ҳар йилги	har yilgi
jaarlijks (bw)	ҳар йилда	har yilda
4 keer per jaar	йилига тўрт марта	yiliga to'rt marta
datum (de)	ойнинг куни	oyning kuni
datum (de)	сана	sana
kalender (de)	календар	kalendar
een half jaar	ярим йил	yarim yil
zes maanden	ярим йиллик	yarim yillik

| seizoen (bijv. lente, zomer) | мавсум | mavsum |
| eeuw (de) | аср | asr |

REIZEN. HOTEL

20. Trip. Reizen

toerisme (het)	туризм	turizm
toerist (de)	сайёҳ	sayyoh
reis (de)	саёҳат	sayohat
avontuur (het)	саргузашт	sarguzasht
tocht (de)	сафарга бориб келиш	safarga borib kelish
vakantie (de)	таътил	ta'til
met vakantie zijn	таътилга чиқмоқ	ta'tilga chiqmoq
rust (de)	дам олиш	dam olish
trein (de)	поезд	poezd
met de trein	поездда	poezdda
vliegtuig (het)	самолёт	samolyot
met het vliegtuig	самолётда	samolyotda
met de auto	автомобилда	avtomobilda
per schip (bw)	кемада	kemada
bagage (de)	юк	yuk
valies (de)	чамадон	chamadon
bagagekarretje (het)	чамадон учун аравача	chamadon uchun aravacha
paspoort (het)	паспорт	pasport
visum (het)	виза	viza
kaartje (het)	чипта	chipta
vliegticket (het)	авиачипта	aviachipta
reisgids (de)	йўлкўрсаткич	yo'lko'rsatkich
kaart (de)	харита	xarita
gebied (landelijk ~)	жой	joy
plaats (de)	жой	joy
exotische bestemming (de)	екзотика	ekzotika
exotisch (bn)	екзотик	ekzotik
verwonderlijk (bn)	ажойиб	ajoyib
groep (de)	гурух	guruh
rondleiding (de)	екскурсия	ekskursiya
gids (de)	екскурсия раҳбари	ekskursiya rahbari

21. Hotel

hotel (het)	меҳмонхона	mehmonxona
motel (het)	мотел	motel
3-sterren	уч юлдуз	uch yulduz

5-sterren	беш юлдуз	besh yulduz
overnachten (ww)	тўхтамоқ	to'xtamoq

kamer (de)	номер, хона	nomer, xona
eenpersoonskamer (de)	бир ўринли номер	bir o'rinli nomer
tweepersoonskamer (de)	икки ўринли номер	ikki o'rinli nomer
een kamer reserveren	номерни банд қилмоқ	nomerni band qilmoq

halfpension (het)	ярим пансион	yarim pansion
volpension (het)	тўлиқ пансион	to'liq pansion

met badkamer	ваннаси билан	vannasi bilan
met douche	души билан	dushi bilan
satelliet-tv (de)	спутник телевиденияси	sputnik televideniyasi
airconditioner (de)	кондиционер	konditsioner
handdoek (de)	сочиқ	sochiq
sleutel (de)	калит	kalit

administrateur (de)	маъмур	ma'mur
kamermeisje (het)	ходима	xodima
piccolo (de)	ҳаммол	hammol
portier (de)	порте	porte

restaurant (het)	ресторан	restoran
bar (de)	бар	bar
ontbijt (het)	нонушта	nonushta
avondeten (het)	кечки овқат	kechki ovqat
buffet (het)	швед столи	shved stoli

hal (de)	вестибюл	vestibyul
lift (de)	лифт	lift

NIET STOREN	БЕЗОВТА ҚИЛИНМАСИН!	BEZOVTA QILINMASIN!
VERBODEN TE ROKEN!	СҲЕКИЛМАСИН!	CHEKILMASIN!

22. Bezienswaardigheden

monument (het)	ҳайкал	haykal
vesting (de)	қалъа	qal'a
paleis (het)	сарой	saroy
kasteel (het)	қаср	qasr
toren (de)	минора	minora
mausoleum (het)	мақбара	maqbara

architectuur (de)	меъморчилик	me'morchilik
middeleeuws (bn)	ўрта асрларга оид	o'rta asrlarga oid
oud (bn)	қадимги	qadimgi
nationaal (bn)	миллий	milliy
bekend (bn)	таниқли	taniqli

toerist (de)	сайёҳ	sayyoh
gids (de)	гид	gid
rondleiding (de)	екскурсия	ekskursiya
tonen (ww)	кўрсатмоқ	ko'rsatmoq

vertellen (ww)	сўзлаб бермоқ	so'zlab bermoq
vinden (ww)	топмоқ	topmoq
verdwalen (de weg kwijt zijn)	йўқолмоқ	yo'qolmoq
plattegrond (~ van de metro)	схема	sxema
plattegrond (~ van de stad)	чизма	chizma

souvenir (het)	ёдгорлик	yodgorlik
souvenirwinkel (de)	ёдгорликлар дўкони	yodgorliklar do'koni
een foto maken (ww)	фотосурат олмоқ	fotosurat olmoq
zich laten fotograferen	суратга тушмоқ	suratga tushmoq

VERVOER

23. Vliegveld

luchthaven (de)	аэропорт	aeroport
vliegtuig (het)	самолёт	samolyot
luchtvaartmaatschappij (de)	авиакомпания	aviakompaniya
luchtverkeersleider (de)	диспетчер	dispetcher
vertrek (het)	учиб кетиш	uchib ketish
aankomst (de)	учиб келиш	uchib kelish
aankomen (per vliegtuig)	учиб келмоқ	uchib kelmoq
vertrektijd (de)	учиб кетиш вақти	uchib ketish vaqti
aankomstuur (het)	учиб келиш вақти	uchib kelish vaqti
vertraagd zijn (ww)	кечикмоқ	kechikmoq
vluchtvertraging (de)	учиб кетишнинг кечикиши	uchib ketishning kechikishi
informatiebord (het)	маълумотлар таблоси	ma'lumotlar tablosi
informatie (de)	маълумот	ma'lumot
aankondigen (ww)	эълон қилмоқ	e'lon qilmoq
vlucht (bijv. KLM ~)	рейс	reys
douane (de)	божхона	bojxona
douanier (de)	божхона ходими	bojxona xodimi
douaneaangifte (de)	декларация	deklaratsiya
een douaneaangifte invullen	декларация тўлдирмоқ	deklaratsiya to'ldirmoq
paspoortcontrole (de)	паспорт назорати	pasport nazorati
bagage (de)	юк	yuk
handbagage (de)	қўл юки	qo'l yuki
bagagekarretje (het)	аравача	aravacha
landing (de)	қўниш	qo'nish
landingsbaan (de)	қўниш майдони	qo'nish maydoni
landen (ww)	қўнмоқ	qo'nmoq
vliegtuigtrap (de)	трап	trap
inchecken (het)	рўйхатдан ўтиш	ro'yxatdan o'tish
incheckbalie (de)	рўйхатдан ўтиш жойи	ro'yxatdan o'tish joyi
inchecken (ww)	рўйхатдан ўтмоқ	ro'yxatdan o'tmoq
instapkaart (de)	чиқиш талони	chiqish taloni
gate (de)	чиқиш	chiqish
transit (de)	транзит	tranzit
wachten (ww)	кутмоқ	kutmoq
wachtzaal (de)	кутиш зали	kutish zali
begeleiden (uitwuiven)	кузатмоқ	kuzatmoq
afscheid nemen (ww)	хайрлашмоқ	xayrlashmoq

31

24. Vliegtuig

vliegtuig (het)	самолёт	samolyot
vliegticket (het)	авиачипта	aviachipta
luchtvaartmaatschappij (de)	авиакомпания	aviakompaniya
luchthaven (de)	аэропорт	aeroport
supersonisch (bn)	товушдан тез	tovushdan tez
gezagvoerder (de)	кема командири	kema komandiri
bemanning (de)	екипаж	ekipaj
piloot (de)	учувчи	uchuvchi
stewardess (de)	стюардесса	styuardessa
stuurman (de)	штурман	shturman
vleugels (mv.)	қанотлар	qanotlar
staart (de)	дум	dum
cabine (de)	кабина	kabina
motor (de)	двигател	dvigatel
landingsgestel (het)	шасси	shassi
turbine (de)	турбина	turbina
propeller (de)	пропеллер	propeller
zwarte doos (de)	қора яшик	qora yashik
stuur (het)	штурвал	shturval
brandstof (de)	ёқилғи	yoqilg'i
veiligheidskaart (de)	инструкция	instruktsiya
zuurstofmasker (het)	кислород маскаси	kislorod maskasi
uniform (het)	униформа	uniforma
reddingsvest (de)	қутқарув жилети	qutqaruv jileti
parachute (de)	парашют	parashyut
opstijgen (het)	учиш	uchish
opstijgen (ww)	учиб чиқмоқ	uchib chiqmoq
startbaan (de)	учиш майдони	uchish maydoni
zicht (het)	кўриниш	ko'rinish
vlucht (de)	парвоз	parvoz
hoogte (de)	баландлик	balandlik
luchtzak (de)	ҳаво ўпқони	havo o'pqoni
plaats (de)	ўрин	o'rin
koptelefoon (de)	наушниклар	naushniklar
tafeltje (het)	қайтарма столча	qaytarma stolcha
venster (het)	иллюминатор	illyuminator
gangpad (het)	ўтиш йўли	o'tish yo'li

25. Trein

trein (de)	поезд	poezd
elektrische trein (de)	электр поезди	elektr poezdi
sneltrein (de)	тезюрар поезд	tezyurar poezd
diesellocomotief (de)	тепловоз	teplovoz

locomotief (de)	паровоз	parovoz
rijtuig (het)	вагон	vagon
restauratierijtuig (het)	вагон-ресторан	vagon-restoran

rails (mv.)	релслар	relslar
spoorweg (de)	темир йўл	temir yo'l
dwarsligger (de)	шпала	shpala

perron (het)	платформа	platforma
spoor (het)	йўл	yo'l
semafoor (de)	семафор	semafor
halte (bijv. kleine treinhalte)	станция	stantsiya

machinist (de)	машинист	mashinist
kruier (de)	ҳаммол	hammol
conducteur (de)	проводник	provodnik
passagier (de)	йўловчи	yo'lovchi
controleur (de)	назоратчи	nazoratchi

gang (in een trein)	йўлак	yo'lak
noodrem (de)	стоп-кран	stop-kran

coupé (de)	купе	kupe
bed (slaapplaats)	полка	polka
bovenste bed (het)	юқори полка	yuqori polka
onderste bed (het)	пастки полка	pastki polka
beddengoed (het)	чойшаб	choyshab

kaartje (het)	чипта	chipta
dienstregeling (de)	жадвал	jadval
informatiebord (het)	табло	tablo

vertrekken (De trein vertrekt …)	жўнамоқ	jo'namoq
vertrek (ov. een trein)	жўнаш	jo'nash
aankomen (ov. de treinen)	етиб келмоқ	etib kelmoq
aankomst (de)	етиб келиш	etib kelish

aankomen per trein	поезда келмоқ	poezda kelmoq
in de trein stappen	поедга ўтирмоқ	poedga o'tirmoq
uit de trein stappen	поезддан тушмоқ	poezddan tushmoq

treinwrak (het)	ҳалокат	halokat
ontspoord zijn	релслардан чиқиб кетмоқ	relslardan chiqib ketmoq

locomotief (de)	паровоз	parovoz
stoker (de)	ўтёқар	o'tyoqar
stookplaats (de)	ўтхона	o'txona
steenkool (de)	кўмир	ko'mir

26. Schip

schip (het)	кема	kema
vaartuig (het)	кема	kema

stoomboot (de)	пароход	paroxod
motorschip (het)	теплоход	teploxod
lijnschip (het)	лайнер	layner
kruiser (de)	крейсер	kreyser

jacht (het)	яхта	yaxta
sleepboot (de)	шатакчи кема	shatakchi kema
duwbak (de)	баржа	barja
ferryboot (de)	паром	parom

| zeilboot (de) | елканли кема | elkanli kema |
| brigantijn (de) | бригантина | brigantina |

| IJsbreker (de) | музёрар | muzyorar |
| duikboot (de) | сув ости кемаси | suv osti kemasi |

boot (de)	қайиқ	qayiq
sloep (de)	шлюпка	shlyupka
reddingssloep (de)	қутқарув шлюпкаси	qutqaruv shlyupkasi
motorboot (de)	катер	kater

kapitein (de)	капитан	kapitan
zeeman (de)	матрос	matros
matroos (de)	денгизчи	dengizchi
bemanning (de)	екипаж	ekipaj

bootsman (de)	боцман	botsman
scheepsjongen (de)	юнга	yunga
kok (de)	кок	kok
scheepsarts (de)	кема врачи	kema vrachi

dek (het)	палуба	paluba
mast (de)	мачта	machta
zeil (het)	елкан	elkan

ruim (het)	трюм	tryum
voorsteven (de)	тумшуқ	tumshuq
achtersteven (de)	қуйруқ	quyruq
roeispaan (de)	ешкак	eshkak
schroef (de)	винт	vint

kajuit (de)	каюта	kayuta
officierskamer (de)	кают-компания	kayut-kompaniya
machinekamer (de)	машина бўлинмаси	mashina bo'linmasi
brug (de)	капитан кўприкчаси	kapitan ko'prikchasi
radiokamer (de)	радиорубка	radiorubka
radiogolf (de)	тўлқин	to'lqin
logboek (het)	кема журнали	kema jurnali

verrekijker (de)	узун дурбин	uzun durbin
klok (de)	қўнғироқ	qo'ng'iroq
vlag (de)	байроқ	bayroq

kabel (de)	йўғон арқон	yo'g'on arqon
knoop (de)	тугун	tugun
trapleuning (de)	тутқич	tutqich

trap (de)	трап	trap
anker (het)	лангар	langar
het anker lichten	лангар кўтармоқ	langar ko'tarmoq
het anker neerlaten	лангар ташламоқ	langar tashlamoq
ankerketting (de)	лангар занжири	langar zanjiri
haven (bijv. containerhaven)	порт	port
kaai (de)	причал	prichal
aanleggen (ww)	келиб тўхтамоқ	kelib to'xtamoq
wegvaren (ww)	жўнамоқ	jo'namoq
reis (de)	саёҳат	sayohat
cruise (de)	денгиз саёҳати	dengiz sayohati
koers (de)	курс	kurs
route (de)	маршрут	marshrut
vaarwater (het)	фарватер	farvater
zandbank (de)	саёзлик	sayozlik
stranden (ww)	саёзликка ўтирмоқ	sayozlikka o'tirmoq
storm (de)	довул	dovul
signaal (het)	сигнал	signal
zinken (ov. een boot)	чўкмоқ	cho'kmoq
Man overboord!	сувда одам бор!	suvda odam bor!
SOS (noodsignaal)	СОС!	SOS!
reddingsboei (de)	қутқариш халқаси	qutqarish halqasi

STAD

27. Stedelijk vervoer

bus, autobus (de)	автобус	avtobus
tram (de)	трамвай	tramvay
trolleybus (de)	троллейбус	trolleybus
route (de)	маршрут	marshrut
nummer (busnummer, enz.)	рақам	raqam
rijden met ...	... да бормоқ	... da bormoq
stappen (in de bus ~)	ўтирмоқ	o'tirmoq
afstappen (ww)	тушиб қолмоқ	tushib qolmoq
halte (de)	бекат	bekat
volgende halte (de)	кейинги бекат	keyingi bekat
eindpunt (het)	охирги бекат	oxirgi bekat
dienstregeling (de)	жадвал	jadval
wachten (ww)	кутмоқ	kutmoq
kaartje (het)	чипта	chipta
reiskosten (de)	чипта нархи	chipta narxi
kassier (de)	кассачи	kassachi
kaartcontrole (de)	назорат	nazorat
controleur (de)	назоратчи	nazoratchi
te laat zijn (ww)	кечга қолмоқ	kechga qolmoq
missen (de bus ~)	... га кечга қолмоқ	... ga kechga qolmoq
zich haasten (ww)	шошмоқ	shoshmoq
taxi (de)	такси	taksi
taxichauffeur (de)	таксичи	taksichi
met de taxi (bw)	таксида	taksida
taxistandplaats (de)	такси тўхташ жойи	taksi to'xtash joyi
een taxi bestellen	такси чақирмоқ	taksi chaqirmoq
een taxi nemen	такси олмоқ	taksi olmoq
verkeer (het)	кўча ҳаракати	ko'cha harakati
file (de)	тирбандлик	tirbandlik
spitsuur (het)	тиғиз пайт	tig'iz payt
parkeren (on.ww.)	жойлаштирмоқ	joylashtirmoq
parkeren (ov.ww.)	жойлаштирмоқ	joylashtirmoq
parking (de)	тўхташ жойи	to'xtash joyi
metro (de)	метро	metro
halte (bijv. kleine treinhalte)	станция	stantsiya
de metro nemen	метрода юрмоқ	metroda yurmoq
trein (de)	поезд	poezd
station (treinstation)	вокзал	vokzal

28. Stad. Het leven in de stad

stad (de)	шаҳар	shahar
hoofdstad (de)	пойтахт	poytaxt
dorp (het)	қишлоқ	qishloq
plattegrond (de)	шаҳар чизмаси	shahar chizmasi
centrum (ov. een stad)	шаҳар маркази	shahar markazi
voorstad (de)	шаҳарга туташ худуд	shaharga tutash hudud
voorstads- (abn)	шаҳар атрофидаги	shahar atrofidagi
randgemeente (de)	чекка	chekka
omgeving (de)	теварак атрофдаги худудлар	tevarak atrofdagi hududlar
blok (huizenblok)	даҳа	daha
woonwijk (de)	турар-жой даҳаси	turar-joy dahasi
verkeer (het)	ҳаракат	harakat
verkeerslicht (het)	светофор	svetofor
openbaar vervoer (het)	шаҳар транспорти	shahar transporti
kruispunt (het)	чорраҳа	chorraha
zebrapad (oversteekplaats)	ўтиш йўли	o'tish yo'li
onderdoorgang (de)	ер ости ўтиш йўли	er osti o'tish yo'li
oversteken (de straat ~)	ўтиш	o'tish
voetganger (de)	йўловчи	yo'lovchi
trottoir (het)	йўлка	yo'lka
brug (de)	кўприк	ko'prik
dijk (de)	сув бўйидаги кўча	suv bo'yidagi ko'cha
allee (de)	хиёбон	xiyobon
park (het)	боғ	bog'
boulevard (de)	булвар	bulvar
plein (het)	майдон	maydon
laan (de)	шоҳ кўча	shoh ko'cha
straat (de)	кўча	ko'cha
zijstraat (de)	тор кўча	tor ko'cha
doodlopende straat (de)	боши берк кўча	boshi berk ko'cha
huis (het)	уй	uy
gebouw (het)	бино	bino
wolkenkrabber (de)	осмонўпар бино	osmono'par bino
gevel (de)	фасад	fasad
dak (het)	том	tom
venster (het)	дераза	deraza
boog (de)	равоқ	ravoq
pilaar (de)	устун	ustun
hoek (ov. een gebouw)	бурчак	burchak
vitrine (de)	витрина	vitrina
gevelreclame (de)	вивеска	viveska
affiche (de/het)	афиша	afisha
reclameposter (de)	реклама плакати	reklama plakati

aanplakbord (het)	реклама шчити	reklama shchiti
vuilnis (de/het)	ахлат	axlat
vuilnisbak (de)	ахлатдон	axlatdon
afval weggooien (ww)	ифлос қилмоқ	iflos qilmoq
stortplaats (de)	ахлатхона	axlatxona

telefooncel (de)	телефон будкаси	telefon budkasi
straatlicht (het)	фонар осиладиган столба	fonar osiladigan stolba
bank (de)	скамейка	skameyka

politieagent (de)	полициячи	politsiyachi
politie (de)	полиция	politsiya
zwerver (de)	гадой	gadoy
dakloze (de)	бошпанасиз	boshpanasiz

29. Stedelijke instellingen

winkel (de)	дўкон	do'kon
apotheek (de)	дорихона	dorixona
optiek (de)	оптика	optika
winkelcentrum (het)	савдо маркази	savdo markazi
supermarkt (de)	супермаркет	supermarket

bakkerij (de)	нон дўкони	non do'koni
bakker (de)	новвой	novvoy
banketbakkerij (de)	қандолат дўкони	qandolat do'koni
kruidenier (de)	баққоллик	baqqollik
slagerij (de)	гўшт дўкони	go'sht do'koni

groentewinkel (de)	сабзавот дўкони	sabzavot do'koni
markt (de)	бозор	bozor

koffiehuis (het)	кафе	kafe
restaurant (het)	ресторан	restoran
bar (de)	пивохона	pivoxona
pizzeria (de)	пиццерия	pitstseriya

kapperssalon (de/het)	сартарошхона	sartaroshxona
postkantoor (het)	почта	pochta
stomerij (de)	химчистка	ximchistka
fotostudio (de)	фотоателе	fotoatele

schoenwinkel (de)	пояфзал дўкони	poyafzal do'koni
boekhandel (de)	китоб дўкони	kitob do'koni
sportwinkel (de)	спорт анжомлари дўкони	sport anjomlari do'koni

kledingreparatie (de)	кийим таъмири	kiyim ta'miri
kledingverhuur (de)	кийимни ижарага бериш	kiyimni ijaraga berish
videotheek (de)	филмларни ижарага бериш	filmlarni ijaraga berish

circus (de/het)	сирк	sirk
dierentuin (de)	ҳайвонот боғи	hayvonot bog'i
bioscoop (de)	кинотеатр	kinoteatr

| museum (het) | музей | muzey |
| bibliotheek (de) | кутубхона | kutubxona |

theater (het)	театр	teatr
opera (de)	опера	opera
nachtclub (de)	тунги клуб	tungi klub
casino (het)	казино	kazino

moskee (de)	мачит	machit
synagoge (de)	синагога	sinagoga
kathedraal (de)	бош черков	bosh cherkov
tempel (de)	ибодатхона	ibodatxona
kerk (de)	черков	cherkov

instituut (het)	институт	institut
universiteit (de)	университет	universitet
school (de)	мактаб	maktab

gemeentehuis (het)	префектура	prefektura
stadhuis (het)	мерия	meriya
hotel (het)	меҳмонхона	mehmonxona
bank (de)	банк	bank

ambassade (de)	елчихона	elchixona
reisbureau (het)	сайёҳлик агентлиги	sayyohlik agentligi
informatieloket (het)	маълумотхона	ma'lumotxona
wisselkantoor (het)	алмаштириш шохобчаси	almashtirish shoxobchasi

| metro (de) | метро | metro |
| ziekenhuis (het) | касалхона | kasalxona |

| benzinestation (het) | бензин қуйиш шохобчаси | benzin quyish shoxobchasi |
| parking (de) | тўхташ жойи | to'xtash joyi |

30. Borden

gevelreclame (de)	вивеска	viveska
opschrift (het)	ёзув	yozuv
poster (de)	плакат	plakat
wegwijzer (de)	кўрсаткич	ko'rsatkich
pijl (de)	мил	mil

waarschuwing (verwittiging)	огоҳлантириш	ogohlantirish
waarschuwingsbord (het)	огоҳлантириш	ogohlantirish
waarschuwen (ww)	огоҳлантирмоқ	ogohlantirmoq

vrije dag (de)	дам олиш куни	dam olish kuni
dienstregeling (de)	жадвал	jadval
openingsuren (mv.)	иш соатлари	ish soatlari

WELKOM!	ХУСҲ КЕЛИБСИЗ!	XUSH KELIBSIZ!
INGANG	КИРИСҲ	KIRISH
UITGANG	СҲИҚИСҲ	CHIQISH
DUWEN	ЎЗИДАН НАРИГА	O'ZIDAN NARIGA

TREKKEN	ЎЗИГА	O'ZIGA
OPEN	ОСХИҚ	OCHIQ
GESLOTEN	ЙОПИҚ	YOPIQ

DAMES	АЙОЛЛАР УСХУН	AYOLLAR UCHUN
HEREN	ЕРКАКЛАР УСХУН	ERKAKLAR UCHUN

KORTING	КАМАЙТИРИЛГАН НАРХЛАР	KAMAYTIRILGAN NARXLAR
UITVERKOOP	АРЗОН СОТИБ ТУГАТИСХ	ARZON SOTIB TUGATISH
NIEUW!	ЙАНГИЛИК!	YANGILIK!
GRATIS	БЕПУЛ	BEPUL

PAS OP!	ДИҚҚАТ!	DIQQAT!
VOLGEBOEKT	ЖОЙ ЙЎҚ	JOY YO'Q
GERESERVEERD	БАНД ҚИЛИНГАН	BAND QILINGAN

ADMINISTRATIE	МАЪМУРИЙАТ	MA'MURIYAT
ALLEEN VOOR PERSONEEL	ФАҚАТ ХОДИМЛАР УСХУН	FAQAT XODIMLAR UCHUN

GEVAARLIJKE HOND	ҚОПАҒОН ИТ	QOPAG'ON IT
VERBODEN TE ROKEN!	СХЕКИЛМАСИН!	CHEKILMASIN!
NIET AANRAKEN!	ҚЎЛ БИЛАН ТЕГИЛМАСИН!	QO'L BILAN TEGILMASIN!

GEVAARLIJK	ХАВФЛИ	XAVFLI
GEVAAR	ХАВФ	XAVF
HOOGSPANNING	ЙУҚОРИ КУСХЛАНИСХ	YUQORI KUCHLANISH
VERBODEN TE ZWEMMEN	СХЎМИЛИСХ ТАҚИҚЛАНГАН	CHO'MILISH TAQIQLANGAN
BUITEN GEBRUIK	ИСХЛАМАЙДИ	ISHLAMAYDI

ONTVLAMBAAR	ЙОНҒИНДАН ХАВФЛИ	YONG'INDAN XAVFLI
VERBODEN	ТАҚИҚЛАНГАН	TAQIQLANGAN
DOORGANG VERBODEN	ЎТИСХ ТАҚИҚЛАНГАН	O'TISH TAQIQLANGAN
OPGELET PAS GEVERFD	БЎЙАЛГАН	BO'YALGAN

31. Winkelen

kopen (ww)	харид қилмоқ	xarid qilmoq
aankoop (de)	харид	xarid
winkelen (ww)	буюмларни харид қилмоқ	buyumlarni xarid qilmoq
winkelen (het)	шоппинг	shopping

open zijn (ov. een winkel, enz.)	ишламоқ	ishlamoq
gesloten zijn (ww)	ёпилмоқ	yopilmoq

schoeisel (het)	пояфзал	poyafzal
kleren (mv.)	кийим	kiyim
cosmetica (de)	косметика	kosmetika
voedingswaren (mv.)	маҳсулотлар	mahsulotlar
geschenk (het)	совға	sovg'a

verkoper (de)	сотувчи	sotuvchi
verkoopster (de)	сотувчи	sotuvchi
kassa (de)	касса	kassa
spiegel (de)	кўзгу	ko'zgu
toonbank (de)	пештахта	peshtaxta
paskamer (de)	кийиб кўриш кабинаси	kiyib ko'rish kabinasi
aanpassen (ww)	кийиб кўриш	kiyib ko'rish
passen (ov. kleren)	лойиқ келмоқ	loyiq kelmoq
bevallen (prettig vinden)	ёқмоқ	yoqmoq
prijs (de)	нарх	narx
prijskaartje (het)	нархкўрсаткич	narxko'rsatkich
kosten (ww)	нархга ега бўлмоқ	narxga ega bo'lmoq
Hoeveel?	Қанча?	Qancha?
korting (de)	нархни камайтириш	narxni kamaytirish
niet duur (bn)	қиммат емас	qimmat emas
goedkoop (bn)	арзон	arzon
duur (bn)	қиммат	qimmat
Dat is duur.	Бу қиммат.	Bu qimmat.
verhuur (de)	ижарага олиш	ijaraga olish
huren (smoking, enz.)	ижарага олмоқ	ijaraga olmoq
krediet (het)	кредит	kredit
op krediet (bw)	кредитга олиш	kreditga olish

KLEDING EN ACCESSOIRES

32. Bovenkleding. Jassen

kleren (mv.), kleding (de)	кийим	kiyim
bovenkleding (de)	устки кийим	ustki kiyim
winterkleding (de)	қишки кийим	qishki kiyim
jas (de)	палто	palto
bontjas (de)	пўстин	po'stin
bontjasje (het)	калта пўстин	kalta po'stin
donzen jas (de)	пуховик	puxovik
jasje (bijv. een leren ~)	куртка	kurtka
regenjas (de)	плашч	plashch
waterdicht (bn)	сув ўтказмайдиган	suv o'tkazmaydigan

33. Heren & dames kleding

overhemd (het)	кўйлак	ko'ylak
broek (de)	шим	shim
jeans (de)	жинси	jinsi
colbert (de)	пиджак	pidjak
kostuum (het)	костюм	kostyum
jurk (de)	аёллар кўйлаги	ayollar ko'ylagi
rok (de)	юбка	yubka
blouse (de)	блузка	bluzka
wollen vest (de)	жун кофта	jun kofta
blazer (kort jasje)	жакет	jaket
T-shirt (het)	футболка	futbolka
shorts (mv.)	шорти	shorti
trainingspak (het)	спорт костюми	sport kostyumi
badjas (de)	халат	xalat
pyjama (de)	пижама	pijama
sweater (de)	свитер	sviter
pullover (de)	пуловер	pulover
gilet (het)	жилет	jilet
rokkostuum (het)	фрак	frak
smoking (de)	смокинг	smoking
uniform (het)	форма	forma
werkkleding (de)	жомакор	jomakor
overall (de)	комбинезон	kombinezon
doktersjas (de)	халат	xalat

34. Kleding. Ondergoed

ondergoed (het)	ич кийим	ich kiyim
onderhemd (het)	майка	mayka
sokken (mv.)	пайпоқ	paypoq

nachthemd (het)	тунги кўйлак	tungi ko'ylak
beha (de)	бюстгалтер	byustgalter
kniekousen (mv.)	голфи	golfi
panty (de)	колготки	kolgotki
nylonkousen (mv.)	пайпоқ	paypoq
badpak (het)	купалник	kupalnik

35. Hoofddeksels

hoed (de)	қалпоқ	qalpoq
deukhoed (de)	шляпа	shlyapa
honkbalpet (de)	бейсболка	beysbolka
kleppet (de)	кепка	kepka

baret (de)	берет	beret
kap (de)	капюшон	kapyushon
panamahoed (de)	панамка	panamka
gebreide muts (de)	тўқилган шапка	to'qilgan shapka

hoofddoek (de)	рўмол	ro'mol
dameshoed (de)	қалпоқча	qalpoqcha

veiligheidshelm (de)	каска	kaska
veldmuts (de)	пилотка	pilotka
helm, valhelm (de)	шлем	shlem

bolhoed (de)	котелок	kotelok
hoge hoed (de)	силиндр	silindr

36. Schoeisel

schoeisel (het)	пояфзал	poyafzal
schoenen (mv.)	ботинка	botinka
vrouwenschoenen (mv.)	туфли	tufli
laarzen (mv.)	етик	etik
pantoffels (mv.)	шиппак	shippak

sportschoenen (mv.)	кроссовка	krossovka
sneakers (mv.)	кеда	keda
sandalen (mv.)	сандал шиппак	sandal shippak

schoenlapper (de)	етикдўз	etikdo'z
hiel (de)	пошна	poshna
paar (een ~ schoenen)	жуфт	juft
veter (de)	чизимча	chizimcha

rijgen (schoenen ~)	боғлаш	bog'lash
schoenlepel (de)	қошиқ	qoshiq
schoensmeer (de/het)	пояфзал мойи	poyafzal moyi

37. Persoonlijke accessoires

handschoenen (mv.)	қўлқоплар	qo'lqoplar
wanten (mv.)	бошмалдоқли қўлқоплар	boshmaldoqli qo'lqoplar
sjaal (fleece ~)	бўйинбоғ	bo'yinbog'

bril (de)	кўзойнак	ko'zoynak
brilmontuur (het)	гардиш	gardish
paraplu (de)	соябон	soyabon
wandelstok (de)	хасса	xassa
haarborstel (de)	тароқ	taroq
waaier (de)	елпиғич	elpig'ich

das (de)	галстук	galstuk
strikje (het)	галстук-бабочка	galstuk-babochka
bretels (mv.)	подтяжки	podtyajki
zakdoek (de)	дастрўмол	dastro'mol

kam (de)	тароқ	taroq
haarspeldje (het)	соч тўғнағичи	soch to'g'nag'ichi
schuifspeldje (het)	шпилка	shpilka
gesp (de)	камар тўқаси	kamar to'qasi

| broekriem (de) | камар | kamar |
| draagriem (de) | тасма | tasma |

handtas (de)	сумка	sumka
damestas (de)	сумкача	sumkacha
rugzak (de)	рюкзак	ryukzak

38. Kleding. Diversen

mode (de)	мода	moda
de mode (bn)	модали	modali
kledingstilist (de)	моделер	modeler

kraag (de)	ёқа	yoqa
zak (de)	чўнтак	cho'ntak
zak- (abn)	чўнтак	cho'ntak
mouw (de)	енг	eng
lusje (het)	илгак	ilgak
gulp (de)	йирмоч	yirmoch

rits (de)	молния	molniya
sluiting (de)	кийим илгаги	kiyim ilgagi
knoop (de)	тугма	tugma
knoopsgat (het)	илгак	ilgak
losraken (bijv. knopen)	узилмоқ	uzilmoq

naaien (kleren, enz.)	тикиш	tikish
borduren (ww)	кашта тикиш	kashta tikish
borduursel (het)	кашта	kashta
naald (de)	игна	igna
draad (de)	ип	ip
naad (de)	чок	chok

vies worden (ww)	ифлосланмоқ	ifloslanmoq
vlek (de)	доғ	dogʻ
gekreukt raken (ov. kleren)	ғижимланиш	gʻijimlanish
scheuren (ov.ww.)	йиртмоқ	yirtmoq
mot (de)	куя	kuya

39. Persoonlijke verzorging. Schoonheidsmiddelen

tandpasta (de)	тиш пастаси	tish pastasi
tandenborstel (de)	тиш чўткаси	tish choʻtkasi
tanden poetsen (ww)	тиш тозаламоқ	tish tozalamoq

scheermes (het)	устара	ustara
scheerschuim (het)	соқол олиш креми	soqol olish kremi
zich scheren (ww)	соқол олмоқ	soqol olmoq

| zeep (de) | совун | sovun |
| shampoo (de) | шампун | shampun |

schaar (de)	қайчи	qaychi
nagelvijl (de)	тирноқ егови	tirnoq egovi
nagelknipper (de)	тирноқ омбири	tirnoq ombiri
pincet (het)	пинцет	pintset

cosmetica (de)	косметика	kosmetika
masker (het)	ниқоб	niqob
manicure (de)	маникюр	manikyur
manicure doen	маникюрлаш	manikyurlash
pedicure (de)	педикюр	pedikyur

cosmetica tasje (het)	косметичка	kosmetichka
poeder (de/het)	упа	upa
poederdoos (de)	упадон	upadon
rouge (de)	қизил ёғупа	qizil yogʻupa

parfum (de/het)	атир	atir
eau de toilet (de)	атир	atir
lotion (de)	лосон	loson
eau de cologne (de)	атир	atir

oogschaduw (de)	кўз бўёғи	koʻz boʻyogʻi
oogpotlood (het)	кўз қалами	koʻz qalami
mascara (de)	киприк бўёғи	kiprik boʻyogʻi

lippenstift (de)	лаб помадаси	lab pomadasi
nagellak (de)	тирноқ учун лок	tirnoq uchun lok
haarlak (de)	соч учун лок	soch uchun lok

45

deodorant (de)	дезодорант	dezodorant
crème (de)	крем	krem
gezichtscrème (de)	юз учун крем	yuz uchun krem
handcrème (de)	қўл учун крем	qo'l uchun krem
antirimpelcrème (de)	ажинга қарши крем	ajinga qarshi krem
dag- (abn)	кундузги	kunduzgi
nacht- (abn)	тунги	tungi
tampon (de)	тампон	tampon
toiletpapier (het)	туалет қоғози	tualet qog'ozi
föhn (de)	фен	fen

40. Horloges. Klokken

polshorloge (het)	соат	soat
wijzerplaat (de)	сиферблат	siferblat
wijzer (de)	мил, стрелка	mil, strelka
metalen horlogeband (de)	браслет	braslet
horlogebandje (het)	тасмача	tasmacha
batterij (de)	батарейка	batareyka
leeg zijn (ww)	ўтириб қолмоқ	o'tirib qolmoq
batterij vervangen	батарейка алмаштирмоқ	batareyka almashtirmoq
voorlopen (ww)	шошмоқ	shoshmoq
achterlopen (ww)	кечикмоқ	kechikmoq
wandklok (de)	девор соати	devor soati
zandloper (de)	қум соати	qum soati
zonnewijzer (de)	қуёш соати	quyosh soati
wekker (de)	будилник	budilnik
horlogemaker (de)	соацоз	soatsoz
repareren (ww)	таъмирламоқ	ta'mirlamoq

ALLEDAAGSE ERVARING

41. Geld

geld (het)	пул	pul
ruil (de)	алмаштириш	almashtirish
koers (de)	курс	kurs
geldautomaat (de)	банкомат	bankomat
muntstuk (de)	танга	tanga
dollar (de)	доллар	dollar
euro (de)	евро	evro
lire (de)	лира	lira
Duitse mark (de)	марка	marka
frank (de)	франк	frank
pond sterling (het)	фунт стерлинг	funt sterling
yen (de)	йена	yena
schuld (geldbedrag)	қарз	qarz
schuldenaar (de)	қарздор	qarzdor
uitlenen (ww)	қарз бермоқ	qarz bermoq
lenen (geld ~)	қарз олмоқ	qarz olmoq
bank (de)	банк	bank
bankrekening (de)	ҳисоб рақам	hisob raqam
op rekening storten	ҳисоб-рақамга қўймоқ	hisob-raqamga qo'ymoq
opnemen (ww)	ҳисоб-рақамдан олмоқ	hisob-raqamdan olmoq
kredietkaart (de)	кредит картаси	kredit kartasi
baar geld (het)	нақд пул	naqd pul
cheque (de)	чек	chek
een cheque uitschrijven	чек ёзиб бермоқ	chek yozib bermoq
chequeboekje (het)	чек дафтарчаси	chek daftarchasi
portefeuille (de)	кармон	karmon
geldbeugel (de)	ҳамён	hamyon
safe (de)	сейф	seyf
erfgenaam (de)	меросхўр	merosxo'r
erfenis (de)	мерос	meros
fortuin (het)	бойлик	boylik
huur (de)	ижара	ijara
huurprijs (de)	турар-жой ҳақи	turar-joy haqi
huren (huis, kamer)	ижарага олмоқ	ijaraga olmoq
prijs (de)	нарх	narx
kostprijs (de)	қиймат	qiymat
som (de)	сумма	summa

uitgeven (geld besteden)	сарфламоқ	sarflamoq
kosten (mv.)	харажатлар	xarajatlar
bezuinigen (ww)	тежамоқ	tejamoq
zuinig (bn)	тежамкор	tejamkor
betalen (ww)	тўламоқ	to'lamoq
betaling (de)	тўлов	to'lov
wisselgeld (het)	қайтим	qaytim
belasting (de)	солиқ	soliq
boete (de)	жарима	jarima
beboeten (bekeuren)	жарима солмоқ	jarima solmoq

42. Post. Postkantoor

postkantoor (het)	почта	pochta
post (de)	почта	pochta
postbode (de)	хат ташувчи	xat tashuvchi
openingsuren (mv.)	иш соатлари	ish soatlari
brief (de)	хат	xat
aangetekende brief (de)	буюртма хат	buyurtma xat
briefkaart (de)	откритка	otkritka
telegram (het)	телеграмма	telegramma
postpakket (het)	посилка	posilka
overschrijving (de)	пул ўтказиш	pul o'tkazish
ontvangen (ww)	олмоқ	olmoq
sturen (zenden)	жўнатмоқ	jo'natmoq
verzending (de)	жўнатиш	jo'natish
adres (het)	манзил	manzil
postcode (de)	индекс	indeks
verzender (de)	юборувчи	yuboruvchi
ontvanger (de)	олувчи	oluvchi
naam (de)	исм	ism
achternaam (de)	фамилия	familiya
tarief (het)	тариф	tarif
standaard (bn)	оддий	oddiy
zuinig (bn)	тежамли	tejamli
gewicht (het)	вазн	vazn
afwegen (op de weegschaal)	вазн ўлчамоқ	vazn o'lchamoq
envelop (de)	конверт	konvert
postzegel (de)	марка	marka

43. Bankieren

bank (de)	банк	bank
bankfiliaal (het)	бўлим	bo'lim

| bankbediende (de) | маслаҳатчи | maslahatchi |
| manager (de) | бошқарувчи | boshqaruvchi |

bankrekening (de)	ҳисоб рақам	hisob raqam
rekeningnummer (het)	ҳисоб-рақам сони	hisob-raqam soni
lopende rekening (de)	жорий ҳисоб-рақами	joriy hisob-raqami
spaarrekening (de)	жамғарма ҳисоб-рақами	jamg'arma hisob-raqami

een rekening openen	ҳисоб-рақамни очмоқ	hisob-raqamni ochmoq
de rekening sluiten	ҳисоб-рақамни ёпмоқ	hisob-raqamni yopmoq
op rekening storten	ҳисоб-рақамга қўймоқ	hisob-raqamga qo'ymoq
opnemen (ww)	ҳисоб-рақамдан олмоқ	hisob-raqamdan olmoq

storting (de)	омонат	omonat
een storting maken	омонат қўймоқ	omonat qo'ymoq
overschrijving (de)	ўтказиш	o'tkazish
een overschrijving maken	ўтказмоқ	o'tkazmoq

| som (de) | сумма | summa |
| Hoeveel? | Қанча? | Qancha? |

| handtekening (de) | имзо | imzo |
| ondertekenen (ww) | имзоламоқ | imzolamoq |

kredietkaart (de)	кредит картаси	kredit kartasi
code (de)	код	kod
kredietkaartnummer (het)	кредит картасининг тартиб рақами	kredit kartasining tartib raqami
geldautomaat (de)	банкомат	bankomat

cheque (de)	чек	chek
een cheque uitschrijven	чек ёзиб бермоқ	chek yozib bermoq
chequeboekje (het)	чек дафтарчаси	chek daftarchasi

lening, krediet (de)	кредит	kredit
een lening aanvragen	кредит олиш учун мурожаат қилмоқ	kredit olish uchun murojaat qilmoq
een lening nemen	кредит олмоқ	kredit olmoq
een lening verlenen	кредит бермоқ	kredit bermoq
garantie (de)	кафолат	kafolat

44. Telefoon. Telefoongesprek

telefoon (de)	телефон	telefon
mobieltje (het)	мобил телефон	mobil telefon
antwoordapparaat (het)	автоматик жавоб берувчи	avtomatik javob beruvchi

| bellen (ww) | кўнғироқ қилмоқ | qo'ng'iroq qilmoq |
| belletje (telefoontje) | кўнғироқ | qo'ng'iroq |

een nummer draaien	рақам термоқ	raqam termoq
Hallo!	Алло!	Allo!
vragen (ww)	сўрамоқ	so'ramoq
antwoorden (ww)	жавоб бермоқ	javob bermoq

horen (ww)	ешитмоқ	eshitmoq
goed (bw)	яхши	yaxshi
slecht (bw)	ёмон	yomon
storingen (mv.)	халал берувчи шовқин	xalal beruvchi shovqin

hoorn (de)	трубка	trubka
opnemen (ww)	трубкани олмоқ	trubkani olmoq
ophangen (ww)	трубкани қўймоқ	trubkani qo'ymoq

bezet (bn)	банд	band
overgaan (ww)	жирингламоқ	jiringlamoq
telefoonboek (het)	телефон китоби	telefon kitobi

lokaal (bn)	маҳаллий	mahalliy
interlokaal (bn)	шаҳарлараро	shaharlararo
buitenlands (bn)	халқаро	xalqaro

45. Mobiele telefoon

mobieltje (het)	мобил телефон	mobil telefon
scherm (het)	дисплей	displey
toets, knop (de)	тугма	tugma
simkaart (de)	СИМ-карта	SIM-karta

batterij (de)	батарея	batareya
leeg zijn (ww)	разрядка бўлмоқ	razryadka bo'lmoq
acculader (de)	заряд қилиш мосламаси	zaryad qilish moslamasi

menu (het)	меню	menyu
instellingen (mv.)	созлашлар	sozlashlar
melodie (beltoon)	мелодия	melodiya
selecteren (ww)	танламоқ	tanlamoq

rekenmachine (de)	калкулятор	kalkulyator
voicemail (de)	автоматик жавоб берувчи	avtomatik javob beruvchi
wekker (de)	будилник	budilnik
contacten (mv.)	телефон китоби	telefon kitobi

| SMS-bericht (het) | СМС-хабар | SMS-xabar |
| abonnee (de) | абонент | abonent |

46. Schrijfbehoeften

| balpen (de) | ручка | ruchka |
| vulpen (de) | пероли ручка | peroli ruchka |

potlood (het)	қалам	qalam
marker (de)	маркер	marker
viltstift (de)	фломастер	flomaster

| notitieboekje (het) | ён дафтарча | yon daftarcha |
| agenda (boekje) | кундалик | kundalik |

liniaal (de/het)	чизғич	chizg'ich
rekenmachine (de)	калкулятор	kalkulyator
gom (de)	ўчирғич	o'chirg'ich
punaise (de)	кнопка	knopka
paperclip (de)	қисқич	qisqich

lijm (de)	елим	elim
nietmachine (de)	степлер	stepler
perforator (de)	тешгич	teshgich
potloodslijper (de)	точилка	tochilka

47. Vreemde talen

taal (de)	тил	til
vreemd (bn)	чет	chet
leren (bijv. van buiten ~)	ўрганмоқ	o'rganmoq
studeren (Nederlands ~)	ўрганмоқ	o'rganmoq

lezen (ww)	ўқимоқ	o'qimoq
spreken (ww)	гапирмоқ	gapirmoq
begrijpen (ww)	тушунмоқ	tushunmoq
schrijven (ww)	ёзмоқ	yozmoq

snel (bw)	тез	tez
langzaam (bw)	секин	sekin
vloeiend (bw)	еркин	erkin

regels (mv.)	қоидалар	qoidalar
grammatica (de)	грамматика	grammatika
vocabulaire (het)	лексика	leksika
fonetiek (de)	фонетика	fonetika

leerboek (het)	дарслик	darslik
woordenboek (het)	луғат	lug'at
leerboek (het) voor zelfstudie	мустақил ўрганиш учун қўлланма	mustaqil o'rganish uchun qo'llanma
taalgids (de)	сўзлашув китоби	so'zlashuv kitobi

cassette (de)	кассета	kasseta
videocassette (de)	видеокассета	videokasseta
CD (de)	СД-диск	CD-disk
DVD (de)	ДВД-диск	DVD-disk

alfabet (het)	алифбе	alifbe
spellen (ww)	ҳарфлаб гапирмоқ	harflab gapirmoq
uitspraak (de)	талаффуз	talaffuz

accent (het)	акцент	aktsent
met een accent (bw)	акценциз	aktsentsiz
zonder accent (bw)	акцент билан	aktsent bilan

woord (het)	сўз	so'z
betekenis (de)	маъно	ma'no
cursus (de)	курслар	kurslar

zich inschrijven (ww)	ёзилмоқ	yozilmoq
leraar (de)	ўқитувчи	o'qituvchi
vertaling (een ~ maken)	таржима	tarjima
vertaling (tekst)	таржима	tarjima
vertaler (de)	таржимон	tarjimon
tolk (de)	таржимон	tarjimon
polyglot (de)	полиглот	poliglot
geheugen (het)	хотира	xotira

MAALTIJDEN. RESTAURANT

48. Tafelschikking

lepel (de)	қошиқ	qoshiq
mes (het)	пичоқ	pichoq
vork (de)	санчқи	sanchqi
kopje (het)	косача	kosacha
bord (het)	тарелка	tarelka
schoteltje (het)	ликопча	likopcha
servet (het)	кўл сочиқ	qo'l sochiq
tandenstoker (de)	тиш кавлагич	tish kavlagich

49. Restaurant

restaurant (het)	ресторан	restoran
koffiehuis (het)	кофехона	kofexona
bar (de)	бар	bar
tearoom (de)	чой салони	choy saloni
kelner, ober (de)	официант	ofitsiant
serveerster (de)	официантка	ofitsiantka
barman (de)	бармен	barmen
menu (het)	таомнома	taomnoma
wijnkaart (de)	винолар рўйхати	vinolar ro'yxati
een tafel reserveren	столни банд қилмоқ	stolni band qilmoq
gerecht (het)	таом	taom
bestellen (eten ~)	буюртма қилмоқ	buyurtma qilmoq
een bestelling maken	буюртма бермоқ	buyurtma bermoq
aperitief (de/het)	аперитив	aperitiv
voorgerecht (het)	газак	gazak
dessert (het)	десерт	desert
rekening (de)	ҳисоб	hisob
de rekening betalen	ҳисоб бўйича тўламоқ	hisob bo'yicha to'lamoq
wisselgeld teruggeven	қайтим бермоқ	qaytim bermoq
fooi (de)	чойчақа	choychaqa

50. Maaltijden

eten (het)	таом	taom
eten (ww)	йемоқ	yemoq

ontbijt (het)	нонушта	nonushta
ontbijten (ww)	нонушта қилмоқ	nonushta qilmoq
lunch (de)	тушлик	tushlik
lunchen (ww)	тушлик қилмоқ	tushlik qilmoq
avondeten (het)	кечки овқат	kechki ovqat
souperen (ww)	кечки овқатни емоқ	kechki ovqatni emoq

| eetlust (de) | иштаҳа | ishtaha |
| Eet smakelijk! | Ёқимли иштаҳа! | Yoqimli ishtaha! |

openen (een fles ~)	очмоқ	ochmoq
morsen (koffie, enz.)	тўкмоқ	to'kmoq
zijn gemorst	тўкилмоқ	to'kilmoq

koken (water kookt bij 100°C)	қайнамоқ	qaynamoq
koken (Hoe om water te ~)	қайнатмоқ	qaynatmoq
gekookt (~ water)	қайнатилган	qaynatilgan
afkoelen (koeler maken)	совутмоқ	sovutmoq
afkoelen (koeler worden)	совутилмоқ	sovutilmoq

| smaak (de) | таъм | ta'm |
| nasmaak (de) | қўшимча таъм | qo'shimcha ta'm |

volgen een dieet	озмоқ	ozmoq
dieet (het)	парҳез	parhez
vitamine (de)	витамин	vitamin
calorie (de)	калория	kaloriya
vegetariër (de)	вегетариан	vegetarian
vegetarisch (bn)	вегетарианча	vegetariancha

vetten (mv.)	ёғлар	yog'lar
eiwitten (mv.)	оқсиллар	oqsillar
koolhydraten (mv.)	углеводлар	uglevodlar
snede (de)	тилимча	tilimcha
stuk (bijv. een ~ taart)	бўлак	bo'lak
kruimel (de)	урвоқ	urvoq

51. Bereide gerechten

gerecht (het)	таом	taom
keuken (bijv. Franse ~)	ошхона	oshxona
recept (het)	рецепт	retsept
portie (de)	порция	portsiya

| salade (de) | салат | salat |
| soep (de) | шўрва | sho'rva |

bouillon (de)	қуруқ қайнатма шўрва	quruq qaynatma sho'rva
boterham (de)	бутерброд	buterbrod
spiegelei (het)	тухум қуймоқ	tuxum quymoq

hamburger (de)	гамбургер	gamburger
biefstuk (de)	бифштекс	bifshteks
garnering (de)	гарнир	garnir

spaghetti (de)	спагетти	spagetti
aardappelpuree (de)	картошка пюреси	kartoshka pyuresi
pizza (de)	пицца	pitstsa
pap (de)	бўтқа	bo'tqa
omelet (de)	қуймоқ	quymoq

gekookt (in water)	пиширилган	pishirilgan
gerookt (bn)	дудланган	dudlangan
gebakken (bn)	қовурилган	qovurilgan
gedroogd (bn)	қуритилган	quritilgan
diepvries (bn)	музлатилган	muzlatilgan
gemarineerd (bn)	маринадланган	marinadlangan

zoet (bn)	ширин	shirin
gezouten (bn)	тузланган	tuzlangan
koud (bn)	совуқ	sovuq
heet (bn)	иссиқ	issiq
bitter (bn)	аччиқ	achchiq
lekker (bn)	мазали	mazali

koken (in kokend water)	пиширмоқ	pishirmoq
bereiden (avondmaaltijd ~)	тайёрламоқ	tayyorlamoq
bakken (ww)	қовурмоқ	qovurmoq
opwarmen (ww)	иситмоқ	isitmoq

zouten (ww)	тузламоқ	tuzlamoq
peperen (ww)	мурч сепмоқ	murch sepmoq
raspen (ww)	қирғичда қирмоқ	qirg'ichda qirmoq
schil (de)	пўст	po'st
schillen (ww)	тозаламоқ	tozalamoq

52. Voedsel

vlees (het)	гўшт	go'sht
kip (de)	товуқ	tovuq
kuiken (het)	жўжа	jo'ja
eend (de)	ўрдак	o'rdak
gans (de)	ғоз	g'oz
wild (het)	илвасин	ilvasin
kalkoen (de)	курка	kurka

varkensvlees (het)	чўчқа гўшти	cho'chqa go'shti
kalfsvlees (het)	бузоқ гўшти	buzoq go'shti
schapenvlees (het)	қўй гўшти	qo'y go'shti
rundvlees (het)	мол гўшти	mol go'shti
konijnenvlees (het)	қуён	quyon

worst (de)	колбаса	kolbasa
saucijs (de)	сосиска	sosiska
spek (het)	бекон	bekon
ham (de)	ветчина	vetchina
gerookte achterham (de)	сон гўшти	son go'shti
paté, pastei (de)	паштет	pashtet
lever (de)	жигар	jigar

gehakt (het)	қийма	qiyma
tong (de)	тил	til

ei (het)	тухум	tuxum
eieren (mv.)	тухумлар	tuxumlar
eiwit (het)	тухумни оқи	tuxumni oqi
eigeel (het)	тухумни сариғи	tuxumni sarig'i

vis (de)	балиқ	baliq
zeevruchten (mv.)	денгиз маҳсулоти	dengiz mahsuloti
schaaldieren (mv.)	қисқичбақасимонлар	qisqichbaqasimonlar
kaviaar (de)	увилдириқ	uvildiriq

krab (de)	қисқичбақа	qisqichbaqa
garnaal (de)	креветка	krevetka
oester (de)	устрица	ustritsa
langoest (de)	лангуст	langust
octopus (de)	саккизоёқ	sakkizoyoq
inktvis (de)	калмар	kalmar

steur (de)	осётр гўшти	osyotr go'shti
zalm (de)	лосос	losos
heilbot (de)	палтус	paltus

kabeljauw (de)	треска	treska
makreel (de)	скумбрия	skumbriya
tonijn (de)	тунец	tunets
paling (de)	илонбалиқ	ilonbaliq

forel (de)	форел	forel
sardine (de)	сардина	sardina
snoek (de)	чўртанбалиқ	cho'rtanbaliq
haring (de)	селд	seld

brood (het)	нон	non
kaas (de)	пишлоқ	pishloq
suiker (de)	қанд	qand
zout (het)	туз	tuz

rijst (de)	гуруч	guruch
pasta (de)	макарон	makaron
noedels (mv.)	угра	ugra

boter (de)	сариёғ	sariyog'
plantaardige olie (de)	ўсимлик ёғи	o'simlik yog'i
zonnebloemolie (de)	кунгабоқар ёғи	kungaboqar yog'i
margarine (de)	маргарин	margarin

olijven (mv.)	зайтун	zaytun
olijfolie (de)	зайтун ёғи	zaytun yog'i

melk (de)	сут	sut
gecondenseerde melk (de)	қуйилтирилган сут	quyiltirilgan sut
yoghurt (de)	ёғурт	yogurt
zure room (de)	сметана	smetana
room (de)	қаймоқ	qaymoq

| mayonaise (de) | маёнез | mayonez |
| crème (de) | крем | krem |

graan (het)	ёрма	yorma
meel (het), bloem (de)	ун	un
conserven (mv.)	консерва	konserva

maïsvlokken (mv.)	маккажўхори бодроқ	makkajo'xori bodroq
honing (de)	асал	asal
jam (de)	жем	jem
kauwgom (de)	чайналадиган резинка	chaynaladigan rezinka

53. Drankjes

water (het)	сув	suv
drinkwater (het)	ичимлик сув	ichimlik suv
mineraalwater (het)	минерал сув	mineral suv

zonder gas	газсиз	gazsiz
koolzuurhoudend (bn)	газланган	gazlangan
bruisend (bn)	газли	gazli
IJs (het)	муз	muz
met ijs	музли	muzli

alcohol vrij (bn)	алкоголсиз	alkogolsiz
alcohol vrije drank (de)	алкоголсиз ичимлик	alkogolsiz ichimlik
frisdrank (de)	салқин ичимлик	salqin ichimlik
limonade (de)	лимонад	limonad

alcoholische dranken (mv.)	спиртли ичимликлар	spirtli ichimliklar
wijn (de)	вино	vino
witte wijn (de)	оқ вино	oq vino
rode wijn (de)	қизил вино	qizil vino

likeur (de)	ликёр	likyor
champagne (de)	шампан виноси	shampan vinosi
vermout (de)	вермут	vermut

whisky (de)	виски	viski
wodka (de)	ароқ	aroq
gin (de)	джин	djin
cognac (de)	коняк	konyak
rum (de)	ром	rom

koffie (de)	кофе	kofe
zwarte koffie (de)	қора кофе	qora kofe
koffie (de) met melk	сутли кофе	sutli kofe
cappuccino (de)	қаймоқли кофе	qaymoqli kofe
oploskoffie (de)	ерийдиган кофе	eriydigan kofe

melk (de)	сут	sut
cocktail (de)	коктейл	kokteyl
milkshake (de)	сутли коктейл	sutli kokteyl
sap (het)	шарбат	sharbat

tomatensap (het)	томат шарбати	tomat sharbati
sinaasappelsap (het)	апелсин шарбати	apelsin sharbati
vers geperst sap (het)	янги сиқилган шарбат	yangi siqilgan sharbat

bier (het)	пиво	pivo
licht bier (het)	оч ранг пиво	och rang pivo
donker bier (het)	тўқ ранг пиво	to'q rang pivo

thee (de)	чой	choy
zwarte thee (de)	қора чой	qora choy
groene thee (de)	кўк чой	ko'k choy

54. Groenten

| groenten (mv.) | сабзавотлар | sabzavotlar |
| verse kruiden (mv.) | кўкат | ko'kat |

tomaat (de)	помидор	pomidor
augurk (de)	бодринг	bodring
wortel (de)	сабзи	sabzi
aardappel (de)	картошка	kartoshka
ui (de)	пиёз	piyoz
knoflook (de)	саримсоқ	sarimsoq

| kool (de) | карам | karam |
| bloemkool (de) | гулкарам | gulkaram |

| spruitkool (de) | брюссел карами | bryussel karami |
| broccoli (de) | брокколи карами | brokkoli karami |

rode biet (de)	лавлаги	lavlagi
aubergine (de)	бақлажон	baqlajon
courgette (de)	қовоқча	qovoqcha

| pompoen (de) | ошқовоқ | oshqovoq |
| raap (de) | шолғом | sholg'om |

peterselie (de)	петрушка	petrushka
dille (de)	укроп	ukrop
sla (de)	салат	salat
selderij (de)	селдерей	selderey

| asperge (de) | сарсабил | sarsabil |
| spinazie (de) | исмалоқ | ismaloq |

| erwt (de) | нўхат | no'xat |
| bonen (mv.) | дуккакли ўсимликлар | dukkakli o'simliklar |

| maïs (de) | маккажўхори | makkajo'xori |
| boon (de) | ловия | loviya |

peper (de)	қалампир	qalampir
radijs (de)	редиска	rediska
artisjok (de)	артишок	artishok

55. Vruchten. Noten

vrucht (de)	мева	meva
appel (de)	олма	olma
peer (de)	нок	nok
citroen (de)	лимон	limon
sinaasappel (de)	апелсин	apelsin
aardbei (de)	қулупнай	qulupnay
mandarijn (de)	мандарин	mandarin
pruim (de)	олхўри	olxo'ri
perzik (de)	шафтоли	shaftoli
abrikoos (de)	ўрик	o'rik
framboos (de)	малина	malina
ananas (de)	ананас	ananas
banaan (de)	банан	banan
watermeloen (de)	тарвуз	tarvuz
druif (de)	узум	uzum
zure kers (de)	олча	olcha
zoete kers (de)	гилос	gilos
meloen (de)	қовун	qovun
grapefruit (de)	грейпфрут	greypfrut
avocado (de)	авокадо	avokado
papaja (de)	папайя	papayya
mango (de)	манго	mango
granaatappel (de)	анор	anor
rode bes (de)	қизил смородина	qizil smorodina
zwarte bes (de)	қора смородина	qora smorodina
kruisbes (de)	крижовник	krijovnik
bosbes (de)	черника	chernika
braambes (de)	маймунжон	maymunjon
rozijn (de)	майиз	mayiz
vijg (de)	анжир	anjir
dadel (de)	хурмо	xurmo
pinda (de)	ерёнғоқ	eryong'oq
amandel (de)	бодом	bodom
walnoot (de)	ёнғоқ	yong'oq
hazelnoot (de)	ўрмон ёнғоғи	o'rmon yong'og'i
kokosnoot (de)	кокос ёнғоғи	kokos yong'og'i
pistaches (mv.)	писта	pista

56. Brood. Snoep

suikerbakkerij (de)	қандолат маҳсулотлари	qandolat mahsulotlari
brood (het)	нон	non
koekje (het)	печене	pechene
chocolade (de)	шоколад	shokolad
chocolade- (abn)	шоколадли	shokoladli

snoepje (het)	конфет	konfet
cakeje (het)	пирожное	pirojnoe
taart (bijv. verjaardags~)	торт	tort

| pastei (de) | пирог | pirog |
| vulling (de) | начинка | nachinka |

confituur (de)	мураббо	murabbo
marmelade (de)	мармелад	marmelad
wafel (de)	вафли	vafli
IJsje (het)	музқаймоқ	muzqaymoq
pudding (de)	пудинг	puding

57. Kruiden

zout (het)	туз	tuz
gezouten (bn)	тузли	tuzli
zouten (ww)	тузламоқ	tuzlamoq

zwarte peper (de)	қора мурч	qora murch
rode peper (de)	қизил қалампир	qizil qalampir
mosterd (de)	горчица	gorchitsa
mierikswortel (de)	хрен	xren

condiment (het)	зиравор	ziravor
specerij , kruiderij (de)	доривор	dorivor
saus (de)	қайла	qayla
azijn (de)	сирка	sirka

anijs (de)	анис	anis
basilicum (de)	райхон	rayhon
kruidnagel (de)	қалампирмунчоқ	qalampirmunchoq
gember (de)	занжабил	zanjabil
koriander (de)	кашнич	kashnich
kaneel (de/het)	долчин	dolchin

sesamzaad (het)	кунжут	kunjut
laurierblad (het)	лавр япроғи	lavr yaprog'i
paprika (de)	гармдори	garmdori
komijn (de)	зира	zira
saffraan (de)	заъфарон	za'faron

PERSOONLIJKE INFORMATIE. FAMILIE

58. Persoonlijke informatie. Formulieren

naam (de)	исм	ism
achternaam (de)	фамилия	familiya
geboortedatum (de)	туғилган сана	tug'ilgan sana
geboorteplaats (de)	туғилган жойи	tug'ilgan joyi
nationaliteit (de)	миллати	millati
woonplaats (de)	турар жойи	turar joyi
land (het)	мамлакат	mamlakat
beroep (het)	касб	kasb
geslacht (ov. het vrouwelijk ~)	жинс	jins
lengte (de)	бўй	bo'y
gewicht (het)	вазн	vazn

59. Familieleden. Verwanten

moeder (de)	она	ona
vader (de)	ота	ota
zoon (de)	ўғли	o'g'li
dochter (de)	қиз	qiz
jongste dochter (de)	кичик қиз	kichik qiz
jongste zoon (de)	кичик ўғил	kichik o'g'il
oudste dochter (de)	катта қизи	katta qizi
oudste zoon (de)	катта ўғли	katta o'g'li
neef (zoon van oom, tante)	амакивачча, холавачча	amakivachcha, xolavachcha
nicht (dochter van oom, tante)	амакивачча, холавачча	amakivachcha, xolavachcha
mama (de)	ойи	oyi
papa (de)	дада	dada
ouders (mv.)	ота-она	ota-ona
kind (het)	бола	bola
kinderen (mv.)	болалар	bolalar
oma (de)	буви	buvi
opa (de)	бобо	bobo
kleinzoon (de)	невара	nevara
kleindochter (de)	набира	nabira
kleinkinderen (mv.)	неваралар	nevaralar
oom (de)	амаки	amaki
tante (de)	хола	xola
neef (zoon van broer, zus)	жиян	jiyan

nicht (dochter van broer ,zus)	жиян	jiyan
schoonmoeder (de)	қайнона	qaynona
schoonvader (de)	қайнота	qaynota
schoonzoon (de)	куёв	kuyov
stiefmoeder (de)	ўгай она	o'gay ona
stiefvader (de)	ўгай ота	o'gay ota
zuigeling (de)	гўдак	go'dak
wiegenkind (het)	чақалоқ	chaqaloq
kleuter (de)	кичкинтой	kichkintoy
vrouw (de)	хотин	xotin
man (de)	ер	er
echtgenoot (de)	рафиқ	rafiq
echtgenote (de)	рафиқа	rafiqa
gehuwd (mann.)	уйланган	uylangan
gehuwd (vrouw.)	турмушга чиққан	turmushga chiqqan
ongehuwd (mann.)	бўйдоқ	bo'ydoq
vrijgezel (de)	бўйдоқ	bo'ydoq
gescheiden (bn)	ажрашган	ajrashgan
weduwe (de)	бева аёл	beva ayol
weduwnaar (de)	бева еркак	beva erkak
familielid (het)	қариндош	qarindosh
dichte familielid (het)	яқин қариндош	yaqin qarindosh
verre familielid (het)	узоқ қариндош	uzoq qarindosh
familieleden (mv.)	қариндошлар	qarindoshlar
wees (de), weeskind (het)	йетим	yetim
voogd (de)	васий	vasiy
adopteren (een jongen te ~)	ўғил қилиб олиш	o'g'il qilib olish
adopteren (een meisje te ~)	қиз қилиб олиш	qiz qilib olish

60. Vrienden. Collega's

vriend (de)	дўст	do'st
vriendin (de)	дугона	dugona
vriendschap (de)	дўстлик	do'stlik
bevriend zijn (ww)	дўстлашмоқ	do'stlashmoq
makker (de)	оғайни	og'ayni
vriendin (de)	дугона	dugona
partner (de)	шерик	sherik
chef (de)	раҳбар	rahbar
baas (de)	бошлиқ	boshliq
ondergeschikte (de)	бўйсунувчи	bo'ysunuvchi
collega (de)	ҳамкасб	hamkasb
kennis (de)	таниш	tanish
medereiziger (de)	йўловчи	yo'lovchi
klasgenoot (de)	синфдош	sinfdosh
buurman (de)	қўшни еркак	qo'shni erkak

| buurvrouw (de) | кўшни аёл | qo'shni ayol |
| buren (mv.) | кўшнилар | qo'shnilar |

MENSELIJK LICHAAM. GENEESKUNDE

61. Hoofd

hoofd (het)	бош	bosh
gezicht (het)	юз	yuz
neus (de)	бурун	burun
mond (de)	оғиз	og'iz
oog (het)	кўз	ko'z
ogen (mv.)	кўзлар	ko'zlar
pupil (de)	қорачиқ	qorachiq
wenkbrauw (de)	қош	qosh
wimper (de)	киприк	kiprik
ooglid (het)	кўз қовоғи	ko'z qovog'i
tong (de)	тил	til
tand (de)	тиш	tish
lippen (mv.)	лаблар	lablar
jukbeenderen (mv.)	ёноқлар	yonoqlar
tandvlees (het)	милк	milk
gehemelte (het)	танглай	tanglay
neusgaten (mv.)	бурун тешиги	burun teshigi
kin (de)	енгак	engak
kaak (de)	жағ	jag'
wang (de)	юз	yuz
voorhoofd (het)	пешона	peshona
slaap (de)	чакка	chakka
oor (het)	қулоқ	quloq
achterhoofd (het)	гардан	gardan
hals (de)	бўйин	bo'yin
keel (de)	томоқ	tomoq
haren (mv.)	сочлар	sochlar
kapsel (het)	турмак	turmak
haarsnit (de)	кесиш	kesish
pruik (de)	ясама соч	yasama soch
snor (de)	мўйлов	mo'ylov
baard (de)	соқол	soqol
dragen (een baard, enz.)	қўйиш	qo'yish
vlecht (de)	соч ўрими	soch o'rimi
bakkebaarden (mv.)	чекка соқол	chekka soqol
ros (roodachtig, rossig)	малла	malla
grijs (~ haar)	оқарган	oqargan
kaal (bn)	кал	kal
kale plek (de)	сочи йўқ жой	sochi yo'q joy

| paardenstaart (de) | дум | dum |
| pony (de) | пешонагажак | peshonagajak |

62. Menselijk lichaam

| hand (de) | панжа | panja |
| arm (de) | қўл | qo'l |

vinger (de)	бармоқ	barmoq
duim (de)	катта бармоқ	katta barmoq
pink (de)	жимжилоқ	jimjiloq
nagel (de)	тирноқ	tirnoq

vuist (de)	мушт	musht
handpalm (de)	кафт	kaft
pols (de)	билак	bilak
voorarm (de)	билак	bilak
elleboog (de)	тирсак	tirsak
schouder (de)	елка	elka

been (rechter ~)	оёқ	oyoq
voet (de)	товон таги	tovon tagi
knie (de)	тизза	tizza
kuit (de)	болдир	boldir
heup (de)	сон	son
hiel (de)	товон	tovon

lichaam (het)	тана	tana
buik (de)	қорин	qorin
borst (de)	кўкрак	ko'krak
borst (de)	сийна, емчак	siyna, emchak
zijde (de)	ёнбош	yonbosh
rug (de)	орқа	orqa
lage rug (de)	бел	bel
taille (de)	бел	bel

navel (de)	киндик	kindik
billen (mv.)	думбалар	dumbalar
achterwerk (het)	орқа	orqa

huidvlek (de)	хол	xol
moedervlek (de)	қашқа хол	qashqa xol
tatoeage (de)	татуировка	tatuirovka
litteken (het)	чандиқ	chandiq

63. Ziekten

ziekte (de)	касаллик	kasallik
ziek zijn (ww)	касал бўлмоқ	kasal bo'lmoq
gezondheid (de)	саломатлик	salomatlik
snotneus (de)	тумов	tumov
angina (de)	ангина	angina

verkoudheid (de)	шамоллаш	shamollash
verkouden raken (ww)	шамолламоқ	shamollamoq
bronchitis (de)	бронхит	bronxit
longontsteking (de)	ўпка яллигланиши	o'pka yalliglanishi
griep (de)	грипп	gripp
bijziend (bn)	узоқни кўролмайдиган	uzoqni ko'rolmaydigan
verziend (bn)	узоқни кўрувчи	uzoqni ko'ruvchi
scheelheid (de)	ғилайлик	g'ilaylik
scheel (bn)	ғилай	g'ilay
grauwe staar (de)	катаракта	katarakta
glaucoom (het)	глаукома	glaukoma
beroerte (de)	инсулт	insult
hartinfarct (het)	инфаркт	infarkt
myocardiaal infarct (het)	миоакард инфаркти	mioakard infarkti
verlamming (de)	фалажлик	falajlik
verlammen (ww)	фалажламоқ	falajlamoq
allergie (de)	аллергия	allergiya
astma (de/het)	астма	astma
diabetes (de)	диабет	diabet
tandpijn (de)	тиш оғриғи	tish og'rig'i
tandbederf (het)	кариес	karies
diarree (de)	диарея	diareya
constipatie (de)	қабзият	qabziyat
maagstoornis (de)	меъда бузилиши	me'da buzilishi
voedselvergiftiging (de)	заҳарланиш	zaharlanish
voedselvergiftiging oplopen	заҳарланмоқ	zaharlanmoq
artritis (de)	артрит	artrit
rachitis (de)	рахит	raxit
reuma (het)	бод	bod
arteriosclerose (de)	атеросклероз	ateroskleroz
gastritis (de)	гастрит	gastrit
blindedarmontsteking (de)	аппендецин	appendetsin
galblaasontsteking (de)	холецистит	xoletsistit
zweer (de)	ошқозон яраси	oshqozon yarasi
mazelen (mv.)	қизамиқ	qizamiq
rodehond (de)	қизилча	qizilcha
geelzucht (de)	сариқ касали	sariq kasali
leverontsteking (de)	гепатит	gepatit
schizofrenie (de)	шизофрения	shizofreniya
dolheid (de)	қутуриш	quturish
neurose (de)	невроз	nevroz
hersenschudding (de)	миянинг чайқалиши	miyaning chayqalishi
kanker (de)	саратон	saraton
sclerose (de)	склероз	skleroz
multiple sclerose (de)	паришонхотир склероз	parishonxotir skleroz

alcoholisme (het)	алкоголизм	alkogolizm
alcoholicus (de)	алкоголик	alkogolik
syfilis (de)	сифилис	sifilis
AIDS (de)	ОИТС	OITS

tumor (de)	ўсма	o'sma
koorts (de)	иситмали қалтироқ	isitmali qaltiroq
malaria (de)	безгак	bezgak
gangreen (het)	қорасон	qorason
zeeziekte (de)	денгиз касали	dengiz kasali
epilepsie (de)	тутқаноқ	tutqanoq

epidemie (de)	епидемия	epidemiya
tyfus (de)	терлама	terlama
tuberculose (de)	сил	sil
cholera (de)	вабо	vabo
pest (de)	ўлат	o'lat

64. Symptomen. Behandelingen. Deel 1

symptoom (het)	симптом	simptom
temperatuur (de)	ҳарорат	harorat
verhoogde temperatuur (de)	юқори ҳарорат	yuqori harorat
polsslag (de)	пулс	puls

duizeling (de)	бош айланиши	bosh aylanishi
heet (erg warm)	иссиқ	issiq
koude rillingen (mv.)	қалтироқ	qaltiroq
bleek (bn)	рангпар	rangpar

hoest (de)	йўтал	yo'tal
hoesten (ww)	йўталмоқ	yo'talmoq
niezen (ww)	аксирмоқ	aksirmoq
flauwte (de)	беҳушлик	behushlik
flauwvallen (ww)	ҳушидан кетиб қолмоқ	hushidan ketib qolmoq

blauwe plek (de)	мўматалоқ	mo'mataloq
buil (de)	ғурра	g'urra
zich stoten (ww)	урилмоқ	urilmoq
kneuzing (de)	урилган жой	urilgan joy
kneuzen (gekneusd zijn)	уриб олмоқ	urib olmoq

hinken (ww)	чўлоқланиш	cho'loqlanish
verstuiking (de)	чиқиқ	chiqiq
verstuiken (enkel, enz.)	чиқармоқ	chiqarmoq
breuk (de)	синдириш	sindirish
een breuk oplopen	синдириб олмоқ	sindirib olmoq

snijwond (de)	кесилган жой	kesilgan joy
zich snijden (ww)	кесиб олиш	kesib olish
bloeding (de)	қон кетиш	qon ketish

brandwond (de)	куйиш	kuyish
zich branden (ww)	куймоқ	kuymoq

prikken (ww)	санчмоқ	sanchmoq
zich prikken (ww)	санчиб олмоқ	sanchib olmoq
blesseren (ww)	яраламоқ	yaralamoq
blessure (letsel)	жароҳат	jarohat
wond (de)	яра	yara
trauma (het)	жароҳатланиш	jarohatlanish
IJlen (ww)	алаҳламоқ	alahlamoq
stotteren (ww)	дудуқланмоқ	duduqlanmoq
zonnesteek (de)	қуёш уриши	quyosh urishi

65. Symptomen. Behandelingen. Deel 2

pijn (de)	оғриқ	og'riq
splinter (de)	зирапча	zirapcha
zweet (het)	тер	ter
zweten (ww)	терламоқ	terlamoq
braking (de)	қайт қилиш	qayt qilish
stuiptrekkingen (mv.)	томир тортишиш	tomir tortishish
zwanger (bn)	ҳомиладор	homilador
geboren worden (ww)	туғилмоқ	tug'ilmoq
geboorte (de)	туғиш	tug'ish
baren (ww)	туғмоқ	tug'moq
abortus (de)	аборт	abort
ademhaling (de)	нафас	nafas
inademing (de)	нафас олиш	nafas olish
uitademing (de)	нафас чиқариш	nafas chiqarish
uitademen (ww)	нафас чиқармоқ	nafas chiqarmoq
inademen (ww)	нафас олмоқ	nafas olmoq
invalide (de)	ногирон	nogiron
gehandicapte (de)	мажруҳ	majruh
drugsverslaafde (de)	гиёҳванд	giyohvand
doof (bn)	кар	kar
stom (bn)	соқов	soqov
doofstom (bn)	кар-соқов	kar-soqov
krankzinnig (bn)	жинни	jinni
krankzinnige (man)	жинни еркак	jinni erkak
krankzinnige (vrouw)	жинни аёл	jinni ayol
krankzinnig worden	ақлдан озиш	aqldan ozish
gen (het)	ген	gen
immuniteit (de)	иммунитет	immunitet
erfelijk (bn)	ирсий	irsiy
aangeboren (bn)	туғма	tug'ma
virus (het)	вирус	virus
microbe (de)	микроб	mikrob
bacterie (de)	бактерия	bakteriya
infectie (de)	инфекция	infektsiya

66. Symptomen. Behandelingen. Deel 3

ziekenhuis (het)	касалхона	kasalxona
patiënt (de)	даволанувчи	davolanuvchi
diagnose (de)	ташхис	tashxis
genezing (de)	даволаниш	davolanish
medische behandeling (de)	даволаш	davolash
onder behandeling zijn	даволанмоқ	davolanmoq
behandelen (ww)	даволамоқ	davolamoq
zorgen (zieken ~)	қарамоқ	qaramoq
ziekenzorg (de)	муолажа	muolaja
operatie (de)	операция	operatsiya
verbinden (een arm ~)	ярани боғламоқ	yarani bog'lamoq
verband (het)	ярани боғлаш	yarani bog'lash
vaccin (het)	емлаш	emlash
inenten (vaccineren)	емламоқ	emlamoq
injectie (de)	укол	ukol
een injectie geven	укол қилмоқ	ukol qilmoq
amputatie (de)	кесиб ташлаш	kesib tashlash
amputeren (ww)	кесиб ташламоқ	kesib tashlamoq
coma (het)	кома	koma
in coma liggen	кома ҳолатида бўлмоқ	koma holatida bo'lmoq
intensieve zorg, ICU (de)	реанимация	reanimatsiya
zich herstellen (ww)	соғайиш	sog'ayish
toestand (de)	аҳвол	ahvol
bewustzijn (het)	хуш	hush
geheugen (het)	хотира	xotira
trekken (een kies ~)	суғурмоқ	sug'urmoq
vulling (de)	пломба	plomba
vullen (ww)	пломбаламоқ	plombalamoq
hypnose (de)	гипноз	gipnoz
hypnotiseren (ww)	гипноз қилмоқ	gipnoz qilmoq

67. Geneeskunde. Medicijnen. Accessoires

geneesmiddel (het)	дори-дармон	dori-darmon
middel (het)	даволаш воситалари	davolash vositalari
voorschrijven (ww)	ёзиб бермоқ	yozib bermoq
recept (het)	рецепт	retsept
tablet (de/het)	таблетка дори	tabletka dori
zalf (de)	малҳам дори	malham dori
ampul (de)	ампула	ampula
drank (de)	суюқ дори	suyuq dori
siroop (de)	қиём	qiyom
pil (de)	ҳапдори	hapdori

poeder (de/het)	кукун дори	kukun dori
verband (het)	бинт	bint
watten (mv.)	пахта	paxta
jodium (het)	ёд	yod

pleister (de)	пластир	plastir
pipet (de)	доритомизгич	doritomizgich
thermometer (de)	тиббий термометр	tibbiy termometr
spuit (de)	шприц	shprits

| rolstoel (de) | аравача | aravacha |
| krukken (mv.) | қўлтиқтаёқ | qo'ltiqtayoq |

pijnstiller (de)	оғриқсизлантирувчи	og'riqsizlantiruvchi
laxeermiddel (het)	сурги дори	surgi dori
spiritus (de)	спирт	spirt
medicinale kruiden (mv.)	доривор ўт	dorivor o't
kruiden- (abn)	ўтли	o'tli

APPARTEMENT

68. Appartement

appartement (het)	хонадон	xonadon
kamer (de)	хона	xona
slaapkamer (de)	ётоқхона	yotoqxona
eetkamer (de)	йемакхона	yemakxona
salon (de)	меҳмонхона	mehmonxona
studeerkamer (de)	кабинет	kabinet
gang (de)	даҳлиз	dahliz
badkamer (de)	ваннахона	vannaxona
toilet (het)	ҳожатхона	hojatxona
plafond (het)	шип	ship
vloer (de)	пол	pol
hoek (de)	бурчак	burchak

69. Meubels. Interieur

meubels (mv.)	мебел	mebel
tafel (de)	стол	stol
stoel (de)	стул	stul
bed (het)	каравот	karavot
bankstel (het)	диван	divan
fauteuil (de)	кресло	kreslo
boekenkast (de)	жавон	javon
boekenrek (het)	полка	polka
kledingkast (de)	шкаф	shkaf
kapstok (de)	кийим илгич	kiyim ilgich
staande kapstok (de)	кийим илгич	kiyim ilgich
commode (de)	комод	komod
salontafeltje (het)	журнал столи	jurnal stoli
spiegel (de)	кўзгу	ko'zgu
tapijt (het)	гилам	gilam
tapijtje (het)	гиламча	gilamcha
haard (de)	камин	kamin
kaars (de)	шам	sham
kandelaar (de)	шамдон	shamdon
gordijnen (mv.)	дарпарда	darparda
behang (het)	гулқоғоз	gulqog'oz

jaloezie (de)	дарпарда	darparda
bureaulamp (de)	стол чироғи	stol chirog'i
wandlamp (de)	чироқ	chiroq
staande lamp (de)	торшер	torsher
luchter (de)	қандил	qandil

poot (ov. een tafel, enz.)	оёқ	oyoq
armleuning (de)	тирсаклагич	tirsaklagich
rugleuning (de)	суянчиқ	suyanchiq
la (de)	ғаладон	g'aladon

70. Beddengoed

beddengoed (het)	чойшаб	choyshab
kussen (het)	ёстиқ	yostiq
kussenovertrek (de)	ёстиқ жилди	yostiq jildi
deken (de)	адёл	adyol
laken (het)	чойшаб	choyshab
sprei (de)	ўрин ёпинғичи	o'rin yoping'ichi

71. Keuken

keuken (de)	ошхона	oshxona
gas (het)	газ	gaz
gasfornuis (het)	газ плитаси	gaz plitasi
elektrisch fornuis (het)	електр плитаси	elektr plitasi
oven (de)	духовка	duxovka
magnetronoven (de)	микротўлқин печи	mikroto'lqin pechi

koelkast (de)	совутгич	sovutgich
diepvriezer (de)	музлатгич	muzlatgich
vaatwasmachine (de)	идиш-товоқ	idish-tovoq
	ювиш машинаси	yuvish mashinasi

vleesmolen (de)	гўштқиймалагич	go'shtqiymalagich
vruchtenpers (de)	шарбациққич	sharbatsiqqich
toaster (de)	тостер	toster
mixer (de)	миксер	mikser

koffiemachine (de)	кофе қайнатадиган асбоб	kofe qaynatadigan asbob
koffiepot (de)	кофе қайнатадиган идиш	kofe qaynatadigan idish
koffiemolen (de)	кофе туядиган асбоб	kofe tuyadigan asbob

fluitketel (de)	чойнак	choynak
theepot (de)	чойнак	choynak
deksel (de/het)	қопқоқ	qopqoq
theezeefje (het)	сузгич	suzgich

lepel (de)	қошиқ	qoshiq
theelepeltje (het)	чой қошиғи	choy qoshig'i
eetlepel (de)	ош қошиғи	osh qoshig'i
vork (de)	санчқи	sanchqi

mes (het)	пичоқ	pichoq
vaatwerk (het)	идиш-товоқ	idish-tovoq
bord (het)	тарелка	tarelka
schoteltje (het)	ликопча	likopcha

likeurglas (het)	қадаҳ	qadah
glas (het)	стакан	stakan
kopje (het)	косача	kosacha

suikerpot (de)	қанддон	qanddon
zoutvat (het)	туздон	tuzdon
pepervat (het)	мурчдон	murchdon
boterschaaltje (het)	мой идиши	moy idishi

steelpan (de)	кастрюл	kastryul
bakpan (de)	това	tova
pollepel (de)	чўмич	cho'mich
vergiet (de/het)	човли	chovli
dienblad (het)	патнис	patnis

fles (de)	бутилка	butilka
glazen pot (de)	банка	banka
blik (conserven~)	банка	banka

flesopener (de)	очқич	ochqich
blikopener (de)	очқич	ochqich
kurkentrekker (de)	штопор	shtopor
filter (de/het)	филтр	filtr
filteren (ww)	филтрлаш	filtrlash

huisvuil (het)	ахлат	axlat
vuilnisemmer (de)	ахлат челак	axlat chelak

72. Badkamer

badkamer (de)	ваннахона	vannaxona
water (het)	сув	suv
kraan (de)	жўмрак	jo'mrak
warm water (het)	иссиқ сув	issiq suv
koud water (het)	совуқ сув	sovuq suv

tandpasta (de)	тиш пастаси	tish pastasi
tanden poetsen (ww)	тиш тозаламоқ	tish tozalamoq

zich scheren (ww)	соқол олмоқ	soqol olmoq
scheercrème (de)	соқол олиш учун кўпик	soqol olish uchun ko'pik
scheermes (het)	устара	ustara

wassen (ww)	ювмоқ	yuvmoq
een bad nemen	ювинмоқ	yuvinmoq
douche (de)	душ	dush
een douche nemen	душ қабул қилиш	dush qabul qilish
bad (het)	ванна	vanna
toiletpot (de)	унитаз	unitaz

wastafel (de)	раковина	rakovina
zeep (de)	совун	sovun
zeepbakje (het)	совун қути	sovun quti

spons (de)	губка	gubka
shampoo (de)	шампун	shampun
handdoek (de)	сочиқ	sochiq
badjas (de)	халат	xalat

was (bijv. handwas)	кир ювиш	kir yuvish
wasmachine (de)	кир ювиш машинаси	kir yuvish mashinasi
de was doen	кир ювмоқ	kir yuvmoq
waspoeder (de)	кир ювиш порошоги	kir yuvish poroshogi

73. Huishoudelijke apparaten

televisie (de)	телевизор	televizor
cassettespeler (de)	магнитофон	magnitofon
videorecorder (de)	видеомагнитофон	videomagnitofon
radio (de)	приёмник	priyomnik
speler (de)	плеер	pleer

videoprojector (de)	видеопроектор	videoproektor
home theater systeem (het)	уй кинотеатри	uy kinoteatri
DVD-speler (de)	ДВД проигриватели	DVD proigrivateli
versterker (de)	кучайтиргич	kuchaytirgich
spelconsole (de)	ўйин приставкаси	o'yin pristavkasi

videocamera (de)	видеокамера	videokamera
fotocamera (de)	фотоаппарат	fotoapparat
digitale camera (de)	рақамли фотоаппарат	raqamli fotoapparat

stofzuiger (de)	чангютгич	changyutgich
strijkijzer (het)	дазмол	dazmol
strijkplank (de)	дазмол тахта	dazmol taxta

telefoon (de)	телефон	telefon
mobieltje (het)	мобил телефон	mobil telefon
schrijfmachine (de)	ёзув машинкаси	yozuv mashinkasi
naaimachine (de)	тикув машинкаси	tikuv mashinkasi

microfoon (de)	микрофон	mikrofon
koptelefoon (de)	наушниклар	naushniklar
afstandsbediening (de)	пулт	pult

CD (de)	СД-диск	CD-disk
cassette (de)	кассета	kasseta
vinylplaat (de)	пластинка	plastinka

DE AARDE. WEER

74. De kosmische ruimte

kosmos (de)	космос	kosmos
kosmisch (bn)	космик	kosmik
kosmische ruimte (de)	космик фазо	kosmik fazo
wereld (de)	олам	olam
heelal (het)	коинот	koinot
sterrenstelsel (het)	галактика	galaktika
ster (de)	юлдуз	yulduz
sterrenbeeld (het)	юлдузлар туркуми	yulduzlar turkumi
planeet (de)	планета	planeta
satelliet (de)	йўлдош	yo'ldosh
meteoriet (de)	метеорит	meteorit
komeet (de)	комета	kometa
asteroïde (de)	астероид	asteroid
baan (de)	орбита	orbita
draaien (om de zon, enz.)	айланмоқ	aylanmoq
atmosfeer (de)	атмосфера	atmosfera
Zon (de)	Қуёш	Quyosh
zonnestelsel (het)	Қуёш системаси	Quyosh sistemasi
zonsverduistering (de)	Қуёш тутилиши	Quyosh tutilishi
Aarde (de)	Ер	Er
Maan (de)	Ой	Oy
Mars (de)	Марс	Mars
Venus (de)	Венера	Venera
Jupiter (de)	Юпитер	Yupiter
Saturnus (de)	Сатурн	Saturn
Mercurius (de)	Меркурий	Merkuriy
Uranus (de)	Уран	Uran
Neptunus (de)	Нептун	Neptun
Pluto (de)	Плутон	Pluton
Melkweg (de)	Сомон йўли	Somon Yo'li
Grote Beer (de)	Катта айиқ	Katta ayiq
Poolster (de)	Қутб Юлдузи	Qutb Yulduzi
marsmannetje (het)	марслик	marslik
buitenaards wezen (het)	ўзга сайёралик	o'zga sayyoralik
bovenaards (het)	бегона	begona
vliegende schotel (de)	учар ликопча	uchar likopcha
ruimtevaartuig (het)	космик кема	kosmik kema

| ruimtestation (het) | орбитал станция | orbital stantsiya |
| start (de) | старт | start |

motor (de)	двигател	dvigatel
straalpijp (de)	сопло	soplo
brandstof (de)	ёқилғи	yoqilg'i

cabine (de)	кабина	kabina
antenne (de)	антенна	antenna
patrijspoort (de)	иллюминатор	illyuminator
zonnebatterij (de)	қуёш батареяси	quyosh batareyasi
ruimtepak (het)	скафандр	skafandr

gewichtloosheid (de)	вазнсизлик	vaznsizlik
zuurstof (de)	кислород	kislorod
koppeling (de)	туташтириш	tutashtirish
koppeling maken	туташтирмоқ	tutashtirmoq

observatorium (het)	обсерватория	observatoriya
telescoop (de)	телескоп	teleskop
waarnemen (ww)	кузатмоқ	kuzatmoq
exploreren (ww)	тадқиқ қилмоқ	tadqiq qilmoq

75. De Aarde

Aarde (de)	Ер	Er
aardbol (de)	ер шари	er shari
planeet (de)	планета	planeta

atmosfeer (de)	атмосфера	atmosfera
aardrijkskunde (de)	география	geografiya
natuur (de)	табиат	tabiat

wereldbol (de)	глобус	globus
kaart (de)	харита	xarita
atlas (de)	атлас	atlas

Europa (het)	Европа	Evropa
Azië (het)	Осиё	Osiyo
Afrika (het)	Африка	Afrika
Australië (het)	Австралия	Avstraliya

Amerika (het)	Америка	Amerika
Noord-Amerika (het)	Шимолий Америка	Shimoliy Amerika
Zuid-Amerika (het)	Жанубий Америка	Janubiy Amerika
Antarctica (het)	Антарктида	Antarktida
Arctis (de)	Арктика	Arktika

76. Windrichtingen

| noorden (het) | шимол | shimol |
| naar het noorden | шимолга | shimolga |

in het noorden	шимолда	shimolda
noordelijk (bn)	шимолий	shimoliy

zuiden (het)	жануб	janub
naar het zuiden	жанубга	janubga
in het zuiden	жанубда	janubda
zuidelijk (bn)	жанубий	janubiy

westen (het)	ғарб	g'arb
naar het westen	ғарбга	g'arbga
in het westen	ғарбда	g'arbda
westelijk (bn)	ғарбий	g'arbiy

oosten (het)	шарқ	sharq
naar het oosten	шарқга	sharqga
in het oosten	шарқда	sharqda
oostelijk (bn)	шарқий	sharqiy

77. Zee. Oceaan

zee (de)	денгиз	dengiz
oceaan (de)	океан	okean
golf (baai)	кўрфаз	ko'rfaz
straat (de)	бўғоз	bo'g'oz

continent (het)	материк	materik
eiland (het)	орол	orol
schiereiland (het)	ярим орол	yarim orol
archipel (de)	архипелаг	arxipelag

baai, bocht (de)	кўрфаз	ko'rfaz
haven (de)	бандаргоҳ	bandargoh
lagune (de)	лагуна	laguna
kaap (de)	бурун	burun

atol (de)	атолл	atoll
rif (het)	сув ичидаги қоя	suv ichidagi qoya
koraal (het)	маржон	marjon
koraalrif (het)	маржон қоялари	marjon qoyalari

diep (bn)	чуқур	chuqur
diepte (de)	чуқурлик	chuqurlik
diepzee (de)	тагсиз чуқурлик	tagsiz chuqurlik
trog (bijv. Marianentrog)	камгак	kamgak

stroming (de)	оқим	oqim
omspoelen (ww)	ювмоқ	yuvmoq

oever (de)	қирғоқ	qirg'oq
kust (de)	қирғоқ бўйи	qirg'oq bo'yi

vloed (de)	сувнинг кўтарилиши	suvning ko'tarilishi
eb (de)	сувнинг пасайиши	suvning pasayishi
ondiepte (ondiep water)	саёзлик	sayozlik

bodem (de)	туб	tub
golf (hoge ~)	тўлқин	to'lqin
golfkam (de)	тўлқин ўркачи	to'lqin o'rkachi
schuim (het)	кўпик	ko'pik

orkaan (de)	бўрон	bo'ron
tsunami (de)	сунами	sunami
windstilte (de)	штил	shtil
kalm (bijv. ~e zee)	тинч	tinch

| pool (de) | қутб | qutb |
| polair (bn) | қутбий | qutbiy |

breedtegraad (de)	кенглик	kenglik
lengtegraad (de)	узунлик	uzunlik
parallel (de)	параллел	parallel
evenaar (de)	екватор	ekvator

hemel (de)	осмон	osmon
horizon (de)	уфқ	ufq
lucht (de)	ҳаво	havo

vuurtoren (de)	маёқ	mayoq
duiken (ww)	шўнғимоқ	sho'ng'imoq
zinken (ov. een boot)	чўкиб кетмоқ	cho'kib ketmoq
schatten (mv.)	хазина	xazina

78. Namen van zeeën en oceanen

Atlantische Oceaan (de)	Атлантика океани	Atlantika okeani
Indische Oceaan (de)	Ҳинд океани	Hind okeani
Stille Oceaan (de)	Тинч океани	Tinch okeani
Noordelijke IJszee (de)	Шимолий Муз океани	Shimoliy Muz okeani

Zwarte Zee (de)	Қора денгиз	Qora dengiz
Rode Zee (de)	Қизил денгиз	Qizil dengiz
Gele Zee (de)	Сариқ денгиз	Sariq dengiz
Witte Zee (de)	Оқ денгиз	Oq dengiz

Kaspische Zee (de)	Каспий денгизи	Kaspiy dengizi
Dode Zee (de)	ўлик денгиз	o'lik dengiz
Middellandse Zee (de)	ўрта ер денгизи	o'rta er dengizi

| Egeïsche Zee (de) | Егей денгизи | Egey dengizi |
| Adriatische Zee (de) | Адриатика денгизи | Adriatika dengizi |

Arabische Zee (de)	Араб денгизи	Arab dengizi
Japanse Zee (de)	Япон денгизи	Yapon dengizi
Beringzee (de)	Беринг денгизи	Bering dengizi
Zuid-Chinese Zee (de)	Жанубий-Хитой денгизи	Janubiy-Xitoy dengizi

Koraalzee (de)	Маржон денгизи	Marjon dengizi
Tasmanzee (de)	Тасман денгизи	Tasman dengizi
Caribische Zee (de)	Кариб денгизи	Karib dengizi

Barentszzee (de)	Баренц денгизи	Barents dengizi
Karische Zee (de)	Кара денгизи	Kara dengizi

Noordzee (de)	Шимолий денгиз	Shimoliy dengiz
Baltische Zee (de)	Болтиқ денгизи	Boltiq dengizi
Noorse Zee (de)	Норвегия денгизи	Norvegiya dengizi

79. Bergen

berg (de)	тоғ	tog'
bergketen (de)	тоғ тизмалари	tog' tizmalari
gebergte (het)	тоғ тизмаси	tog' tizmasi

bergtop (de)	чўққи	cho'qqi
bergpiek (de)	чўққи	cho'qqi

voet (ov. de berg)	етак	etak
helling (de)	ёнбағир	yonbag'ir

vulkaan (de)	вулқон	vulqon
actieve vulkaan (de)	ҳаракатдаги вулқон	harakatdagi vulqon
uitgedoofde vulkaan (de)	ўчган вулқон	o'chgan vulqon

uitbarsting (de)	отилиш	otilish
krater (de)	кратер	krater
magma (het)	магма	magma

lava (de)	лава	lava
gloeiend (~e lava)	қизиган	qizigan

kloof (canyon)	канён	kanyon
bergkloof (de)	дара	dara
spleet (de)	тоғ оралиғи	tog' oralig'i

bergpas (de)	довон	dovon
plateau (het)	ясси тоғ	yassi tog'

klip (de)	қоя	qoya
heuvel (de)	тепалик	tepalik

gletsjer (de)	музлик	muzlik
waterval (de)	шаршара	sharshara

geiser (de)	гейзер	geyzer
meer (het)	кўл	ko'l

vlakte (de)	текислик	tekislik
landschap (het)	манзара	manzara
echo (de)	акс-садо	aks-sado

alpinist (de)	алпинист	alpinist
bergbeklimmer (de)	қояларга чиқувчи спортчи	qoyalarga chiquvchi sportchi
trotseren (berg ~)	забт етмоқ	zabt etmoq
beklimming (de)	тоққа чиқиш	toqqa chiqish

80. Bergen namen

Alpen (de)	Алп тоғлари	Alp tog'lari
Mont Blanc (de)	Монблан	Monblan
Pyreneeën (de)	Пиреней тоғлари	Pireney tog'lari

Karpaten (de)	Карпат тоғлари	Karpat tog'lari
Oeralgebergte (het)	Урал тоғлари	Ural tog'lari
Kaukasus (de)	Кавказ	Kavkaz
Elbroes (de)	Елбрус	Elbrus

Altaj (de)	Олтой тоғлари	Oltoy tog'lari
Tiensjan (de)	Тян-Шан	Tyan-Shan
Pamir (de)	Помир	Pomir
Himalaya (de)	Ҳималай тоғлари	Himalay tog'lari
Everest (de)	Еверест	Everest

| Andes (de) | Анд тоғлари | And tog'lari |
| Kilimanjaro (de) | Килиманжаро | Kilimanjaro |

81. Rivieren

rivier (de)	дарё	daryo
bron (~ van een rivier)	булоқ	buloq
rivierbedding (de)	ўзан	o'zan
rivierbekken (het)	ҳовуз	hovuz
uitmonden in ...	... га қўшилмоқ	... ga qo'shilmoq

| zijrivier (de) | ирмоқ | irmoq |
| oever (de) | қирғоқ | qirg'oq |

stroming (de)	оқим	oqim
stroomafwaarts (bw)	оқимнинг қуйиси бўйича	oqimning quyisi bo'yicha
stroomopwaarts (bw)	оқимнинг юқориси бўйича	oqimning yuqorisi bo'yicha

overstroming (de)	сув босиши	suv bosishi
overstroming (de)	сув тошқини	suv toshqini
buiten zijn oevers treden	дарёнинг тошиши	daryoning toshishi
overstromen (ww)	сув бостирмоқ	suv bostirmoq

| zandbank (de) | саёзлик | sayozlik |
| stroomversnelling (de) | остонатош | ostonatosh |

dam (de)	тўғон	to'g'on
kanaal (het)	канал	kanal
spaarbekken (het)	сув омбори	suv ombori
sluis (de)	шлюз	shlyuz

waterlichaam (het)	ҳавза	havza
moeras (het)	ботқоқ	botqoq
broek (het)	ботқоқлик	botqoqlik
draaikolk (de)	гирдоб	girdob
stroom (de)	жилға	jilg'a

| drink- (abn) | ичиладиган | ichiladigan |
| zoet (~ water) | чучук | chuchuk |

| IJs (het) | муз | muz |
| bevriezen (rivier, enz.) | музлаб қолмоқ | muzlab qolmoq |

82. Namen van rivieren

| Seine (de) | Сена | Sena |
| Loire (de) | Луара | Luara |

Theems (de)	Темза	Temza
Rijn (de)	Рейн	Reyn
Donau (de)	Дунай	Dunay

Wolga (de)	Волга	Volga
Don (de)	Дон	Don
Lena (de)	Лена	Lena

Gele Rivier (de)	Хуанхе	Xuanxe
Blauwe Rivier (de)	Янцзи	Yantszi
Mekong (de)	Меконг	Mekong
Ganges (de)	Ганг	Gang

Nijl (de)	Нил	Nil
Kongo (de)	Конго	Kongo
Okavango (de)	Окаванго	Okavango
Zambezi (de)	Замбези	Zambezi
Limpopo (de)	Лимпопо	Limpopo

83. Bos

| bos (het) | ўрмон | o'rmon |
| bos- (abn) | ўрмон | o'rmon |

oerwoud (dicht bos)	чангалзор	changalzor
bosje (klein bos)	дарахтзор	daraxtzor
open plek (de)	яланглик	yalanglik

| struikgewas (het) | чангалзор | changalzor |
| struiken (mv.) | бутазор | butazor |

| paadje (het) | сўқмоқча | so'qmoqcha |
| ravijn (het) | жарлик | jarlik |

boom (de)	дарахт	daraxt
blad (het)	барг	barg
gebladerte (het)	барглар	barglar

vallende bladeren (mv.)	хазонрезгилик	xazonrezgilik
vallen (ov. de bladeren)	тўкилмоқ	to'kilmoq
boomtop (de)	уч	uch

tak (de)	шох	shox
ent (de)	бутоқ	butoq
knop (de)	куртак	kurtak
naald (de)	игна	igna
dennenappel (de)	ғудда	g'udda

boom holte (de)	ковак	kovak
nest (het)	уя	uya
hol (het)	ин	in

stam (de)	тана	tana
wortel (bijv. boom~s)	илдиз	ildiz
schors (de)	пўстлоқ	po'stloq
mos (het)	мох	mox

ontwortelen (een boom)	кавламоқ	kavlamoq
kappen (een boom ~)	чопмоқ	chopmoq
ontbossen (ww)	кесиб ташламоқ	kesib tashlamoq
stronk (de)	тўнка	to'nka

kampvuur (het)	гулхан	gulxan
bosbrand (de)	ёнгин	yong'in
blussen (ww)	ўчирмоқ	o'chirmoq

boswachter (de)	ўрмончи	o'rmonchi
bescherming (de)	муҳофаза	muhofaza
beschermen (bijv. de natuur ~)	муҳофаза қилмоқ	muhofaza qilmoq
stroper (de)	браконер	brakoner
val (de)	қопқон	qopqon

| plukken (vruchten, enz.) | термоқ | termoq |
| verdwalen (de weg kwijt zijn) | адашиб қолмоқ | adashib qolmoq |

84. Natuurlijke hulpbronnen

natuurlijke rijkdommen (mv.)	табиий ресурслар	tabiiy resurslar
delfstoffen (mv.)	фойдали қазилмалар	foydali qazilmalar
lagen (mv.)	қатлам бўлиб ётган конлар	qatlam bo'lib yotgan konlar
veld (bijv. olie~)	кон	kon

winnen (uit erts ~)	қазиб олмоқ	qazib olmoq
winning (de)	кончилик	konchilik
erts (het)	руда	ruda
mijn (bijv. kolenmijn)	кон	kon
mijnschacht (de)	шахта	shaxta
mijnwerker (de)	кончи	konchi

| gas (het) | газ | gaz |
| gasleiding (de) | газ қувури | gaz quvuri |

| olie (aardolie) | нефт | neft |
| olieleiding (de) | нефт қувури | neft quvuri |

oliebron (de)	нефт минораси	neft minorasi
boortoren (de)	бурғилаш минораси	burg'ilash minorasi
tanker (de)	танкер	tanker
zand (het)	қум	qum
kalksteen (de)	оҳактош	ohaktosh
grind (het)	шағал	shag'al
veen (het)	торф	torf
klei (de)	лой	loy
steenkool (de)	кўмир	ko'mir
IJzer (het)	темир	temir
goud (het)	олтин	oltin
zilver (het)	кумуш	kumush
nikkel (het)	никел	nikel
koper (het)	мис	mis
zink (het)	рух	rux
mangaan (het)	марганец	marganets
kwik (het)	симоб	simob
lood (het)	қўрғошин	qo'rg'oshin
mineraal (het)	минерал	mineral
kristal (het)	кристалл	kristall
marmer (het)	мармар	marmar
uraan (het)	уран	uran

85. Weer

weer (het)	об-ҳаво	ob-havo
weersvoorspelling (de)	об-ҳаво маълумоти	ob-havo ma'lumoti
temperatuur (de)	ҳарорат	harorat
thermometer (de)	термометр	termometr
barometer (de)	барометр	barometr
vochtigheid (de)	намлик	namlik
hitte (de)	иссиқ	issiq
heet (bn)	жазирама	jazirama
het is heet	иссиқ	issiq
het is warm	илиқ	iliq
warm (bn)	илиқ	iliq
het is koud	совуқ	sovuq
koud (bn)	совуқ	sovuq
zon (de)	қуёш	quyosh
schijnen (de zon)	нур сочмоқ	nur sochmoq
zonnig (~e dag)	қуёшли	quyoshli
opgaan (ov. de zon)	чиқмоқ	chiqmoq
ondergaan (ww)	ўтирмоқ	o'tirmoq
wolk (de)	булут	bulut
bewolkt (bn)	булутли	bulutli

regenwolk (de)	булут	bulut
somber (bn)	булутли	bulutli
regen (de)	ёмғир	yomg'ir
het regent	ёмғир ёғяпти	yomg'ir yog'yapti
regenachtig (bn)	ёмғирли	yomg'irli
motregenen (ww)	майдалаб ёғмоқ	maydalab yog'moq
plensbui (de)	шаррос ёмғир	sharros yomg'ir
stortbui (de)	жала	jala
hard (bn)	кучли	kuchli
plas (de)	кўлмак	ko'lmak
nat worden (ww)	хўл бўлмоқ	xo'l bo'lmoq
mist (de)	туман	tuman
mistig (bn)	туманли	tumanli
sneeuw (de)	қор	qor
het sneeuwt	қор ёғяпти	qor yog'yapti

86. Zwaar weer. Natuurrampen

noodweer (storm)	момақалдироқ	momaqaldiroq
bliksem (de)	чақмоқ	chaqmoq
flitsen (ww)	чарақламоқ	charaqlamoq
donder (de)	момақалдироқ	momaqaldiroq
donderen (ww)	гумбурламоқ	gumburlamoq
het dondert	момақалдироқ	momaqaldiroq
	гумбурлаяпти	gumburlayapti
hagel (de)	дўл	do'l
het hagelt	дўл ёғяпти	do'l yog'yapti
overstromen (ww)	сув бостирмоқ	suv bostirmoq
overstroming (de)	сув босиши	suv bosishi
aardbeving (de)	зилзила	zilzila
aardschok (de)	силкиниш	silkinish
epicentrum (het)	епицентр	epitsentr
uitbarsting (de)	отилиш	otilish
lava (de)	лава	lava
wervelwind (de)	қуюн	quyun
windhoos (de)	торнадо	tornado
tyfoon (de)	тўфон	to'fon
orkaan (de)	бўрон	bo'ron
storm (de)	довул	dovul
tsunami (de)	сунами	sunami
cycloon (de)	сиклон	siklon
onweer (het)	ёғингарчилик	yog'ingarchilik
brand (de)	ёнғин	yong'in

| ramp (de) | халокат | halokat |
| meteoriet (de) | метеорит | meteorit |

lawine (de)	кўчки	ko'chki
sneeuwverschuiving (de)	қор кўчкиси	qor ko'chkisi
sneeuwjacht (de)	қор бўрони	qor bo'roni
sneeuwstorm (de)	қор бўралаши	qor bo'ralashi

FAUNA

87. Zoogdieren. Roofdieren

roofdier (het)	йиртқич	yirtqich
tijger (de)	йўлбарс	yo'lbars
leeuw (de)	шер	sher
wolf (de)	бўри	bo'ri
vos (de)	тулки	tulki
jaguar (de)	ягуар	yaguar
luipaard (de)	қоплон	qoplon
jachtluipaard (de)	гепард	gepard
panter (de)	қора қоплон	qora qoplon
poema (de)	пума	puma
sneeuwluipaard (de)	қор қоплони	qor qoploni
lynx (de)	силовсин	silovsin
coyote (de)	коёт	koyot
jakhals (de)	шоқол	shoqol
hyena (de)	сиртлон	sirtlon

88. Wilde dieren

dier (het)	жонивор	jonivor
beest (het)	ҳайвон	hayvon
eekhoorn (de)	олмахон	olmaxon
egel (de)	типратикан	tipratikan
haas (de)	қуён	quyon
konijn (het)	қуён	quyon
das (de)	бўрсиқ	bo'rsiq
wasbeer (de)	енот	enot
hamster (de)	оғмахон	og'maxon
marmot (de)	суғур	sug'ur
mol (de)	кўр каламуш	ko'r kalamush
muis (de)	сичқон	sichqon
rat (de)	каламуш	kalamush
vleermuis (de)	кўршапалак	ko'rshapalak
hermelijn (de)	оқсувсар	oqsuvsar
sabeldier (het)	собол	sobol
marter (de)	сувсар	suvsar
wezel (de)	латча	latcha
nerts (de)	қоракўзан	qorako'zan

bever (de)	сув қундузи	suv qunduzi
otter (de)	қундуз	qunduz
paard (het)	от	ot
eland (de)	лос	los
hert (het)	буғу	bug'u
kameel (de)	туя	tuya
bizon (de)	бизон	bizon
oeros (de)	зубр	zubr
buffel (de)	буйвол	buyvol
zebra (de)	зебра	zebra
antilope (de)	антилопа	antilopa
ree (de)	кичик буғу	kichik bug'u
damhert (het)	кийик	kiyik
gems (de)	тоғ кийик	tog' kiyik
everzwijn (het)	тўнғиз	to'ng'iz
walvis (de)	кит	kit
rob (de)	тюлен	tyulen
walrus (de)	морж	morj
zeehond (de)	денгиз мушуги	dengiz mushugi
dolfijn (de)	делфин	delfin
beer (de)	айиқ	ayiq
IJsbeer (de)	оқ айиқ	oq ayiq
panda (de)	панда	panda
aap (de)	маймун	maymun
chimpansee (de)	шимпанзе	shimpanze
orang-oetan (de)	орангутанг	orangutang
gorilla (de)	горилла	gorilla
makaak (de)	макака	makaka
gibbon (de)	гиббон	gibbon
olifant (de)	фил	fil
neushoorn (de)	каркидон	karkidon
giraffe (de)	жираф	jiraf
nijlpaard (het)	бегемот	begemot
kangoeroe (de)	кенгуру	kenguru
koala (de)	коала	koala
mangoest (de)	мангуст	mangust
chinchilla (de)	шиншилла	shinshilla
stinkdier (het)	сассиқ кўзан	sassiq ko'zan
stekelvarken (het)	жайра	jayra

89. Huisdieren

poes (de)	мушук	mushuk
kater (de)	мушук	mushuk
hond (de)	ит	it

paard (het)	от	ot
hengst (de)	айғир	ayg'ir
merrie (de)	бия	biya

koe (de)	мол	mol
stier (de)	буқа	buqa
os (de)	ҳўкиз	ho'kiz

schaap (het)	қўй	qo'y
ram (de)	қўчқор	qo'chqor
geit (de)	ечки	echki
bok (de)	така	taka

| ezel (de) | ешак | eshak |
| muilezel (de) | хачир | xachir |

varken (het)	чўчқа	cho'chqa
biggetje (het)	чўчқа боласи	cho'chqa bolasi
konijn (het)	қуён	quyon

| kip (de) | товуқ | tovuq |
| haan (de) | хўроз | xo'roz |

eend (de)	ўрдак	o'rdak
woerd (de)	ўрдак	o'rdak
gans (de)	ғоз	g'oz

| kalkoen haan (de) | курка | kurka |
| kalkoen (de) | курка | kurka |

huisdieren (mv.)	уй ҳайвонлари	uy hayvonlari
tam (bijv. hamster)	қўлга ўргатилган	qo'lga o'rgatilgan
temmen (tam maken)	қўлга ўргатмоқ	qo'lga o'rgatmoq
fokken (bijv. paarden ~)	боқмоқ	boqmoq

boerderij (de)	ферма	ferma
gevogelte (het)	уй паррандаси	uy parrandasi
rundvee (het)	мол	mol
kudde (de)	пода	poda

paardenstal (de)	отхона	otxona
zwijnenstal (de)	чўчқахона	cho'chqaxona
koeienstal (de)	молхона	molxona
konijnenhok (het)	қуёнхона	quyonxona
kippenhok (het)	товуқхона	tovuqxona

90. Vogels

vogel (de)	қуш	qush
duif (de)	каптар	kaptar
mus (de)	чумчуқ	chumchuq
koolmees (de)	читтак	chittak
ekster (de)	ҳакка	hakka
raaf (de)	қарға	qarg'a

kraai (de)	қарға	qarg'a
kauw (de)	зоғча	zog'cha
roek (de)	гӯнгқарға	go'ngqarg'a
eend (de)	ӯрдак	o'rdak
gans (de)	ғоз	g'oz
fazant (de)	қирғовул	qirg'ovul
arend (de)	бургут	burgut
havik (de)	қирғий	qirg'iy
valk (de)	лочин	lochin
gier (de)	калхат	kalxat
condor (de)	кондор	kondor
zwaan (de)	оққуш	oqqush
kraanvogel (de)	турна	turna
ooievaar (de)	лайлак	laylak
papegaai (de)	тӯтиқуш	to'tiqush
kolibrie (de)	колибри	kolibri
pauw (de)	товус	tovus
struisvogel (de)	туяқуш	tuyaqush
reiger (de)	қарқара	qarqara
flamingo (de)	фламинго	flamingo
pelikaan (de)	сақоқуш	saqoqush
nachtegaal (de)	булбул	bulbul
zwaluw (de)	қалдирғоч	qaldirg'och
lijster (de)	қораялоқ	qorayaloq
zanglijster (de)	сайроқи қораялоқ	sayroqi qorayaloq
merel (de)	қора қораялоқ	qora qorayaloq
gierzwaluw (de)	жарқалдирғоч	jarqaldirg'och
leeuwerik (de)	тӯрғай	to'rg'ay
kwartel (de)	бедана	bedana
specht (de)	қизилиштон	qizilishton
koekoek (de)	какку	kakku
uil (de)	бойқуш	boyqush
oehoe (de)	укки	ukki
auerhoen (het)	карқуш	karqush
korhoen (het)	қур	qur
patrijs (de)	каклик	kaklik
spreeuw (de)	чуғурчиқ	chug'urchiq
kanarie (de)	канарейка	kanareyka
hazelhoen (het)	булдуруқ	bulduruq
vink (de)	зяблик	zyablik
goudvink (de)	снегир	snegir
meeuw (de)	чайка	chayka
albatros (de)	албатрос	albatros
pinguïn (de)	пингвин	pingvin

91. Vis. Zeedieren

brasem (de)	лешч	leshch
karper (de)	зоғорабалиқ	zog'orabaliq
baars (de)	олабуға	olabug'a
meerval (de)	лаққа балиқ	laqqa baliq
snoek (de)	чўртанбалиқ	cho'rtanbaliq
zalm (de)	лосос	losos
steur (de)	осётр	osyotr
haring (de)	селд	seld
atlantische zalm (de)	сёмга	syomga
makreel (de)	скумбрия	skumbriya
platvis (de)	камбала	kambala
snoekbaars (de)	судак	sudak
kabeljauw (de)	треска	treska
tonijn (de)	тунец	tunets
forel (de)	форел	forel
paling (de)	илонбалиқ	ilonbaliq
sidderrog (de)	електр скат	elektr skat
murene (de)	мурена	murena
piranha (de)	пираня	piranya
haai (de)	акула	akula
dolfijn (de)	делфин	delfin
walvis (de)	кит	kit
krab (de)	қисқичбақа	qisqichbaqa
kwal (de)	медуза	meduza
octopus (de)	саккизоёқ	sakkizoyoq
zeester (de)	денгиз юлдузи	dengiz yulduzi
zee-egel (de)	денгиз кирписи	dengiz kirpisi
zeepaardje (het)	денгиз оти	dengiz oti
oester (de)	устрица	ustritsa
garnaal (de)	креветка	krevetka
kreeft (de)	омар	omar
langoest (de)	лангуст	langust

92. Amfibieën. Reptielen

slang (de)	илон	ilon
giftig (slang)	заҳарли	zaharli
adder (de)	қора илон	qora ilon
cobra (de)	кобра	kobra
python (de)	питон	piton
boa (de)	бўғма илон	bo'g'ma ilon
ringslang (de)	сувилон	suvilon

ratelslang (de)	шақилдоқ илон	shaqildoq ilon
anaconda (de)	анаконда	anakonda

hagedis (de)	калтакесак	kaltakesak
leguaan (de)	игуана	iguana
varaan (de)	ечкиемар	echkiemar
salamander (de)	саламандра	salamandra
kameleon (de)	хамелеон	xameleon
schorpioen (de)	чаён	chayon

schildpad (de)	тошбақа	toshbaqa
kikker (de)	бақа	baqa
pad (de)	қурбақа	qurbaqa
krokodil (de)	тимсоҳ	timsoh

93. Insecten

insect (het)	ҳашарот	hasharot
vlinder (de)	капалак	kapalak
mier (de)	чумоли	chumoli
vlieg (de)	пашша	pashsha
mug (de)	чивин	chivin
kever (de)	қўнғиз	qo'ng'iz

wesp (de)	ари	ari
bij (de)	асалари	asalari
hommel (de)	қовоқари	qovoqari
horzel (de)	сўна	so'na

spin (de)	ўргимчак	o'rgimchak
spinnenweb (het)	ўргимчак ини	o'rgimchak ini

libel (de)	нináчи	ninachi
sprinkhaan (de)	чигиртка	chigirtka
nachtvlinder (de)	парвона	parvona

kakkerlak (de)	суварак	suvarak
mijt (de)	кана	kana
vlo (de)	бурга	burga
kriebelmug (de)	майда чивин	mayda chivin

treksprinkhaan (de)	чигиртка	chigirtka
slak (de)	шиллиқ қурт	shilliq qurt
krekel (de)	қора чигиртка	qora chigirtka
glimworm (de)	ялтироқ қўнғиз	yaltiroq qo'ng'iz
lieveheersbeestje (het)	хонқизи	xonqizi
meikever (de)	тиллақўнғиз	tillaqo'ng'iz

bloedzuiger (de)	зулук	zuluk
rups (de)	капалак қурти	kapalak qurti
aardworm (de)	чувалчанг	chuvalchang
larve (de)	қурт	qurt

FLORA

94. Bomen

boom (de)	дарахт	daraxt
loof- (abn)	баргли	bargli
dennen- (abn)	игнабаргли	ignabargli
groenblijvend (bn)	доимяшил	doimyashil
appelboom (de)	олма	olma
perenboom (de)	нок	nok
zoete kers (de)	гилос	gilos
zure kers (de)	олча	olcha
pruimelaar (de)	олхӯри	olxo'ri
berk (de)	оқ қайин	oq qayin
eik (de)	еман	eman
linde (de)	жӯка дарахти	jo'ka daraxti
esp (de)	тоғтерак	tog'terak
esdoorn (de)	заранг дарахти	zarang daraxti
spar (de)	қорақарағай	qoraqarag'ay
den (de)	қарағай	qarag'ay
lariks (de)	тилоғоч	tilog'och
zilverspar (de)	оққарағай	oqqarag'ay
ceder (de)	кедр	kedr
populier (de)	терак	terak
lijsterbes (de)	четан	chetan
wilg (de)	мажнунтол	majnuntol
els (de)	олха	olxa
beuk (de)	қора қайин	qora qayin
iep (de)	қайрағоч	qayrag'och
es (de)	шумтол	shumtol
kastanje (de)	каштан	kashtan
magnolia (de)	магнолия	magnoliya
palm (de)	палма	palma
cipres (de)	кипарис	kiparis
mangrove (de)	мангро дарахти	mangro daraxti
baobab (apenbroodboom)	баобаб	baobab
eucalyptus (de)	евкалипт	evkalipt
mammoetboom (de)	секвойя	sekvoyya

95. Heesters

struik (de)	бута	buta
heester (de)	бутазор	butazor

| wijnstok (de) | узум | uzum |
| wijngaard (de) | узумзор | uzumzor |

frambozenstruik (de)	малина	malina
rode bessenstruik (de)	қизил смородина	qizil smorodina
kruisbessenstruik (de)	крижовник	krijovnik

acacia (de)	акация	akatsiya
zuurbes (de)	зирк	zirk
jasmijn (de)	ясмин	yasmin

jeneverbes (de)	қора арча	qora archa
rozenstruik (de)	атиргул тупи	atirgul tupi
hondsroos (de)	наъматак	na'matak

96. Vruchten. Bessen

vrucht (de)	мева	meva
vruchten (mv.)	мевалар	mevalar
appel (de)	олма	olma
peer (de)	нок	nok
pruim (de)	олхўри	olxo'ri

aardbei (de)	қулупнай	qulupnay
zure kers (de)	олча	olcha
zoete kers (de)	гилос	gilos
druif (de)	узум	uzum

framboos (de)	малина	malina
zwarte bes (de)	қора смородина	qora smorodina
rode bes (de)	қизил смородина	qizil smorodina

| kruisbes (de) | крижовник | krijovnik |
| veenbes (de) | клюква | klyukva |

sinaasappel (de)	апелсин	apelsin
mandarijn (de)	мандарин	mandarin
ananas (de)	ананас	ananas

| banaan (de) | банан | banan |
| dadel (de) | хурмо | xurmo |

citroen (de)	лимон	limon
abrikoos (de)	ўрик	o'rik
perzik (de)	шафтоли	shaftoli

| kiwi (de) | киви | kivi |
| grapefruit (de) | грейпфрут | greypfrut |

bes (de)	реза мева	reza meva
bessen (mv.)	реза мевалар	reza mevalar
vossenbes (de)	брусника	brusnika
bosaardbei (de)	йертут	yertut
bosbes (de)	черника	chernika

97. Bloemen. Planten

bloem (de)	гул	gul
boeket (het)	даста	dasta
roos (de)	атиргул	atirgul
tulp (de)	лола	lola
anjer (de)	чиннигул	chinnigul
gladiool (de)	гладиолус	gladiolus
korenbloem (de)	бўтакўз	bo'tako'z
klokje (het)	қўнғироқгул	qo'ng'iroqgul
paardenbloem (de)	момақаймоқ	momaqaymoq
kamille (de)	мойчечак	moychechak
aloë (de)	алое	aloe
cactus (de)	кактус	kaktus
ficus (de)	фикус	fikus
lelie (de)	лилия	liliya
geranium (de)	ёронгул	yorongul
hyacint (de)	сунбул	sunbul
mimosa (de)	мимоза	mimoza
narcis (de)	наргис	nargis
Oostindische kers (de)	лотин чечаги	lotin chechagi
orchidee (de)	орхидея	orxideya
pioenroos (de)	саллагул	sallagul
viooltje (het)	бинафша	binafsha
driekleurig viooltje (het)	капалакгул	kapalakgul
vergeet-mij-nietje (het)	бўтакўз	bo'tako'z
madeliefje (het)	дасторгул	dastorgul
papaver (de)	кўкнор	ko'knor
hennep (de)	наша ўсимлиги	nasha o'simligi
munt (de)	ялпиз	yalpiz
lelietje-van-dalen (het)	марваридгул	marvaridgul
sneeuwklokje (het)	бойчечак	boychechak
brandnetel (de)	қичитқи ўт	qichitqi o't
veldzuring (de)	шовул	shovul
waterlelie (de)	нилфия	nilfiya
varen (de)	қирққулоқ	qirqquloq
korstmos (het)	лишайник	lishaynik
oranjerie (de)	оранжерея	oranjereya
gazon (het)	газон	gazon
bloemperk (het)	клумба	klumba
plant (de)	ўсимлик	o'simlik
gras (het)	ўт	o't
graspriet (de)	ўт пояси	o't poyasi

blad (het)	барг	barg
bloemblad (het)	гулбарг	gulbarg
stengel (de)	поя	poya
knol (de)	тугунак	tugunak

| scheut (de) | куртак | kurtak |
| doorn (de) | тиканак | tikanak |

bloeien (ww)	гулламоқ	gullamoq
verwelken (ww)	сўлимоқ	so'limoq
geur (de)	хид	hid
snijden (bijv. bloemen ~)	кесиб олмоқ	kesib olmoq
plukken (bloemen ~)	узмоқ, узиб олмоқ	uzmoq, uzib olmoq

98. Granen, graankorrels

graan (het)	ғалла	g'alla
graangewassen (mv.)	ғалла ўсимликлари	g'alla o'simliklari
aar (de)	бошоқ	boshoq

tarwe (de)	буғдой	bug'doy
rogge (de)	жавдар	javdar
haver (de)	сули	suli
gierst (de)	тариқ	tariq
gerst (de)	арпа	arpa

maïs (de)	маккажўхори	makkajo'xori
rijst (de)	шоли	sholi
boekweit (de)	гречиха	grechixa

erwt (de)	нўхат	no'xat
boon (de)	ловия	loviya
soja (de)	соя	soya
linze (de)	ясмиқ	yasmiq
bonen (mv.)	дуккакли ўсимликлар	dukkakli o'simliklar

LANDEN VAN DE WERELD

99. Landen. Deel 1

Afghanistan (het)	Афғонистон	Afg'oniston
Albanië (het)	Албания	Albaniya
Argentinië (het)	Аргентина	Argentina
Armenië (het)	Арманистон	Armaniston
Australië (het)	Австралия	Avstraliya
Azerbeidzjan (het)	Озарбайжон	Ozarbayjon
Bahama's (mv.)	Багам ороллари	Bagam orollari
Bangladesh (het)	Бангладеш	Bangladesh
België (het)	Белгия	Belgiya
Bolivia (het)	Боливия	Boliviya
Bosnië en Herzegovina (het)	Босния ва Герцеговина	Bosniya va Gertsegovina
Brazilië (het)	Бразилия	Braziliya
Bulgarije (het)	Болгария	Bolgariya
Cambodja (het)	Камбоджа	Kambodja
Canada (het)	Канада	Kanada
Chili (het)	Чили	Chili
China (het)	Хитой	Xitoy
Colombia (het)	Колумбия	Kolumbiya
Cuba (het)	Куба	Kuba
Cyprus (het)	Кипр	Kipr
Denemarken (het)	Дания	Daniya
Dominicaanse Republiek (de)	Доминикана республикаси	Dominikana respublikasi
Duitsland (het)	Германия	Germaniya
Ecuador (het)	Эквадор	Ekvador
Egypte (het)	Миср	Misr
Engeland (het)	Англия	Angliya
Estland (het)	Эстония	Estoniya
Finland (het)	Финляндия	Finlyandiya
Frankrijk (het)	Франция	Frantsiya
Frans-Polynesië	Француз Полинезияси	Frantsuz Polineziyasi
Georgië (het)	Грузия	Gruziya
Ghana (het)	Гана	Gana
Griekenland (het)	Греция	Gretsiya
Groot-Brittannië (het)	Буюк Британия	Buyuk Britaniya
Haïti (het)	Гаити	Gaiti
Hongarije (het)	Венгрия	Vengriya
Ierland (het)	Ирландия	Irlandiya
IJsland (het)	Исландия	Islandiya
India (het)	Хиндистон	Hindiston
Indonesië (het)	Индонезия	Indoneziya

Irak (het)	Ироқ	Iroq
Iran (het)	Ерон	Eron
Israël (het)	Исроил	Isroil
Italië (het)	Италия	Italiya

100. Landen. Deel 2

Jamaica (het)	Жамайка	Jamayka
Japan (het)	Япония	Yaponiya
Jordanië (het)	Иордания	Iordaniya
Kazakstan (het)	Қозоғистон	Qozog'iston
Kenia (het)	Кения	Keniya
Kirgizië (het)	Қирғизистон	Qirg'iziston
Koeweit (het)	Қувайт	Quvayt

Kroatië (het)	Хорватия	Xorvatiya
Laos (het)	Лаос	Laos
Letland (het)	Латвия	Latviya
Libanon (het)	Ливан	Livan
Libië (het)	Ливия	Liviya
Liechtenstein (het)	Лихтенштейн	Lixtenshteyn
Litouwen (het)	Литва	Litva

Luxemburg (het)	Люксембург	Lyuksemburg
Macedonië (het)	Македония	Makedoniya
Madagaskar (het)	Мадагаскар	Madagaskar
Maleisië (het)	Малайзия	Malayziya
Malta (het)	Малта	Malta
Marokko (het)	Марокаш	Marokash
Mexico (het)	Мексика	Meksika

Moldavië (het)	Молдова	Moldova
Monaco (het)	Монако	Monako
Mongolië (het)	Мўғулистон	Mo'g'uliston
Montenegro (het)	Черногория	Chernogoriya
Myanmar (het)	Мянма	Myanma
Namibië (het)	Намибия	Namibiya
Nederland (het)	Нидерландия	Niderlandiya

Nepal (het)	Непал	Nepal
Nieuw-Zeeland (het)	Янги Зеландия	Yangi Zelandiya
Noord-Korea (het)	Шимолий корея	Shimoliy koreya
Noorwegen (het)	Норвегия	Norvegiya
Oekraïne (het)	Украина	Ukraina
Oezbekistan (het)	ўзбекистон	o'zbekiston
Oostenrijk (het)	Австрия	Avstriya

101. Landen. Deel 3

Pakistan (het)	Покистон	Pokiston
Palestijnse autonomie (de)	Фаластин автономияси	Falastin avtonomiyasi
Panama (het)	Панама	Panama

Paraguay (het)	Парагвай	Paragvay
Peru (het)	Перу	Peru
Polen (het)	Полша	Polsha
Portugal (het)	Португалия	Portugaliya
Roemenië (het)	Руминия	Ruminiya
Rusland (het)	Россия	Rossiya
Saoedi-Arabië (het)	Саудия арабистони	Saudiya arabistoni
Schotland (het)	Шотландия	Shotlandiya
Senegal (het)	Сенегал	Senegal
Servië (het)	Сербия	Serbiya
Slovenië (het)	Словения	Sloveniya
Slowakije (het)	Словакия	Slovakiya
Spanje (het)	Испания	Ispaniya
Suriname (het)	Суринам	Surinam
Syrië (het)	Сурия	Suriya
Tadzjikistan (het)	Тожикистон	Tojikiston
Taiwan (het)	Тайван	Tayvan
Tanzania (het)	Танзания	Tanzaniya
Tasmanië (het)	Тасмания	Tasmaniya
Thailand (het)	Таиланд	Tailand
Tsjechië (het)	Чехия	Chexiya
Tunesië (het)	Тунис	Tunis
Turkije (het)	Туркия	Turkiya
Turkmenistan (het)	Туркманистон	Turkmaniston
Uruguay (het)	Уругвай	Urugvay
Vaticaanstad (de)	Ватикан	Vatikan
Venezuela (het)	Венесуела	Venesuela
Verenigde Arabische Emiraten	Бирлашган Араб Амирликлари	Birlashgan Arab Amirliklari
Verenigde Staten van Amerika	Америка Қўшма Штатлари	Amerika Qo'shma Shtatlari
Vietnam (het)	Ветнам	Vetnam
Wit-Rusland (het)	Беларус	Belarus
Zanzibar (het)	Занзибар	Zanzibar
Zuid-Afrika (het)	Жанубий Африка Республикаси	Janubiy Afrika Respublikasi
Zuid-Korea (het)	Жанубий Корея	Janubiy Koreya
Zweden (het)	Швеция	Shvetsiya
Zwitserland (het)	Швейцария	Shveytsariya

www.ingramcontent.com/pod-product-compliance
Lightning Source LLC
Chambersburg PA
CBHW070821050426
42452CB00011B/2139